U0931842

加拉太書導論

郭漢成◎著

基道出版社

▼

聖經導論叢書

加拉太書導論

Introduction to the Book of Galatians

作者

郭漢成

系列主編

黃錫木、黃浩儀

責任編輯

何敏璇

裝幀設計

郭曉勤

■

出版 / 發行

基道出版社

香港沙田火炭坳背灣街 26 號富騰工業中心 10 樓 1011 室

LOGOS PUBLISHERS

Unit 1011, 10/F, Fo Tan Ind. Centre, 26 Au Pui Wan St., Shatin, Hong Kong

電話：(852) 2687-0331　傳真：(852) 2687-0281

網址：https://www.logos.com.hk

承印

New Artway

●

3/2003 初版　9/2023 初版 POD 版

Cat. No. LP147A

ISBN-10: 962-457-229-1

ISBN-13: 978-962-457-229-2

Printed in Hong Kong

刷次	10	9	8	7	6	5	4	3	2	1
年份	2032	2031	2030	2029	2028	2027	2026	2025	2024	2023

聖經導論叢書

回顧過去二、三十年神學教育的發展，港台兩岸華人的神學教育工作者可算是人才濟濟，但高學術價值和可讀性兼備、又能適切華人處境的教材依然相當缺乏；今天的華人教會仍然不能逃避「不懂英語就不能念神學」這咒詛。要徹底解決這問題，必須動員整體華人教會的關注和支持，而非一人之力所能承擔。今天的神學生，就是明天教會的牧者和領袖，今日栽培不力，他朝恐難有成。

「聖經導論叢書」反映教會對神學教育質素的關注。這一套十多冊的叢書，原先的計劃是由崇真會救恩堂發起和資助，由香港基道出版社出版。有教會主動支持這跨宗派的學術出版計劃，可說是史無前例的創舉；在上帝的保守和帶領下，期望這套書的面世，能為華人神學教育奠定一鞏固的基礎。（香港）國際聖經協會曾於二〇〇〇至二〇〇一年間加入，與基道出版社聯合出版了首兩冊。

出版「聖經導論叢書」的主要目的，是要填補聖經研究課本之不足，特別在導論方面等基本教材，為華人教會提供一套質素高、中文原著的聖經研究導論叢書；主要的對象是資深的信徒和第一次念神學的神學生。本系列的編委、審稿的學者和各位作者均是來自不同宗派和學派的港台華人聖經學者。我們本著廣義福音派的精神，篤信聖經是上帝給世人至高的權威，各盡所學之專長，合著適切於華人神學院和資深信徒的教材，為華語世界的聖經研究作點貢獻。

黄錫木、黄浩儀

二〇〇二年八月底·香港

本書序

撰寫本書的目的，原為神學院提供可用之課本，所以在編寫時我盼望做到幾方面：加拉太書研究的問題和難題，保羅神學及解經方面的困難，並儘量正面的討論它們，也儘可能提出個人的意見。本文在註釋裏提供了一些參考資料，方便研讀神學的同學作進一步的研究；也儘可能讓他們跟其他論及加拉太書的中文著作／譯本有更多的對話。我雖然很盼望能夠跟近代學者仔細地討論，但因著時間和篇幅的限制，我只能提出這些參考資料，盼望讀者可以獨立思考、分析、批判。

在寫作的過程中，有好些人給予我幫忙和鼓勵，特別要謝謝馬來西亞神學院（Seminari Theoloji Malaysia）給予我在1999年上半年和2000年下半年的安息年休假；系列主編黃錫木博士的邀請及多方的協助；和香港中文大學崇基神學組主任盧龍光牧師（博士）的安排，讓我在1999年3、4月間有一個安靜的環境，進行研究及寫作，並且在港期間，盧牧師一家愛心的照顧。當然，我要特別感激愛妻萊珍和兒女（音欣、偉信、音韻），因著我的忙碌和寫作而犧牲不少家庭歡樂時光。我要謝謝他們的忍耐。

郭漢成

芙蓉．馬來西亞神學院

二〇〇一年九月三十日

目　錄

第一章

近代加拉太書研究

使徒保羅寫給加拉太教會的信——加拉太書很受近代聖經學者的重視。首先，因為信中扼要地記載了這位專為「外邦人使徒」的保羅之神學思想的核心。第二，因為作者保羅是初期基督教會（或稱基督教運動）起初建立時的重要人物之一，他所敘述的當日教會的情況，以及他與其他主要領袖們如彼得、雅各和約翰的關係的資料，是最早並最可靠的。第三，這書直接處理第一代信徒所面對的神學問題。當耶穌基督的福音由猶太人地區傳開到外邦人當中，多元基督教會當如何處理猶太民族傳統的獨特禮儀。在這書信中保羅論述的「基督信仰」與它原來的母體（傳統猶太教）有所區別，也有一定的張力，當中他們需要一段時間去反省、調整和掙扎，對於了解日後基督教和猶太教的分手很重要[1]。

「保羅研究」在 19 世紀很受德國的包珥和杜平根學派影響。自從包珥在 1831 年發表 *Die Christuspartei in der korinthischen Gemeinde, der Gegensatz des petrinischen und paulinischen Christentums in der ältersten Kirche, der Apostel Petrus im Rom*（書名中譯為：「哥林多教會的基督派，早期教會彼得基督教和保羅基督教的衝突，在羅馬的使徒彼得」）[2] 的文章，以歷史批判性研究哥林多教會的背景之

---

1 這方面的研究可參考 P. Richardson, *Israel in the Apostolic Church*; C. Rowland, *Christian Origins: An Account of the Setting and Character of the Most Important Messianic Sect of Judaism*; M. D. Hooker, *Continuity and Discontinuity: Early Christianity in Its Jewish Setting*; J. D. G. Dunn, *The Parting of the Ways Between Christianity and Judaism*。

2 刊登於 *Tübingen Zeitschrift für Theologie* 4 (1831), pp.61~206；參看 F. C. Baur, *Paul, the Apostle of Jesus Christ* 1: 105~145, 250~257; *The Church History of the First Three Centuries* 1: 44~152。

後，學者對加拉太書的研究更是注重保羅之敵對者，早期猶太基督教的本質，以及保羅與其他使徒之爭議。包珥借用黑格爾的辯證法——視歷史活動為一連串的正反合——來解釋早期基督教會的發展，辯稱保羅的外邦基督教（正論）和彼得的猶太基督教（反論）衝突，後來在第 2 世紀末才歸併為初期大公教會的「合論」。根據包珥的意見，「真正的保羅」是強烈反對猶太基督教，堅持因信稱義，拒絕律法，故此惟有羅馬書、哥林多前後書和加拉太書被認定為保羅所著。

當代學者對杜平根學派的極端批判研究和歷史重整也作出不同的回應：有的附和，有的堅決反對，也有從中尋求出路的，只接受其歷史批判觀點，而不接受其研究之結果，最具代表性的是英國的萊特佛特。根據萊氏的研究，保羅的主張和「教會柱石的雅各、磯法、約翰」（加二 9）的也不一定完全相反：保羅的敵對者另有其人[3]。雖然如此，包珥的思想仍然繼續影響新約研究[4]。各方學者對於新約的統一性和差異性仍然有激烈的辯論：包厄珥、科斯特等人多強調差異性、張力，甚至衝突性[5]；而保守派學者通常堅持統一性、調

3　J. B. Lightfoot, *Saint Paul's Epistle to the Galatians,* esp. pp.292~374: "St Paul and the Three".

4　有關此時期的辯論，參看 S. Neill & N. T. Wright, *The Interpretation of the New Testament 1861~1986,* pp.20~64; H. Harris, *The Tübingen School: A Historical and Theological Investigation of the School of F. C. Baur*; M. Silva, *Explorations in Exegetical Method: Galatians As a Test Case*, pp.113~127; S. J. Hafemann, "Paul and His Interpreters", *DPL* (1993), pp.666~679, esp. pp.666~671。

5　W. Bauer, *Orthodoxy and Heresy in Earliest Christianity*; H. Koester, *Introduction to the New Testament.*

和，甚至一致性[6]；比較中肯的是慕勒和鄧雅各的中間路線[7]。

20 世紀初期的研究則相當受史懷哲的影響，他出版的 3 本書，書名分別中譯為「歷史耶穌的探討」（1906）、「保羅和他的詮釋者」（1911）和「使徒保羅的神祕主義」（1930）[8]。他對於耶穌和保羅之關係的研究提出很多激烈的論題：耶穌的天國論是否猶太末世式？保羅是否傾向外邦希臘主義呢？保羅有沒有歪曲耶穌的教訓呢？兩者有沒有共通之處[9]？傳統以來德國神學主要受馬丁路德的影響，特別強調「因信稱義」是保羅神學的核心，是其鑰匙，是其精華。但史懷哲宣稱，保羅是一位擁有猶太末世思想架構的神祕主義者，並且獨排眾議，強調「在基督裏」才是保羅神學的核心[10]，並提出「基督神祕主義」這觀念。

史懷哲的觀察並不是沒有根據的。事實上，「因信稱義」

---

6 如 I. H. Marshall, "Orthodoxy and Heresy in Earlier Christianity", *Themelios* 2 (1976), pp.5~14; D. Guthrie, *New Testament Theology*。中譯本：古特立：《新約神學》。

7 C. F. D. Moule, *The Birth of the New Testament*; J. D. G. Dunn, *Unity and Diversity in the New Testament: An Inquiry into the Character of Earliest Christianity*.

8 英譯本：A. Schweitzer, *The Quest of the Historical Jesus*; *Paul and His Interpreters: A Critical History*; *The Mysticism of Paul the Apostle*。參看 Neill & Wright, *Interpretation*, pp.205~215, 403~416。

9 這方面的討論見 J. M. G. Barclay, "Jesus and Paul", *DPL*, pp.492~503。

10 有關「在基督裏」的討論，可參郭漢成著, *"The Truth of the Gospel": A Study in Galatians 2.15~21*, pp.190~193; 另加 M. A. Seifrid, "In Christ", *DPL*, pp.433~436; J. D. G. Dunn, *The Theology of Paul the Apostle*, pp.390~412。

的道理在加拉太書和羅馬書中比較明顯，其他的書信就不是那麼顯著了。反過來，「在基督裏」的觀念就更為普遍。在羅馬書，「因信稱義」的觀念比較明顯在一至四章出現，接下來從五至八章的討論，反而是以「在基督裏」的觀念為主幹。類似的結構也在加拉太書二章 15 至 20 節出現：15 至 16 節討論「因信稱義」；19 至 20 節卻是以「在基督裏」為重點。雖然如此，布特曼卻為保羅辯護，指他的思想深受諾斯底思想影響，非常希臘化，主張一個「希臘化的保羅」。他提倡「非神話化」，強調實存性的信心，認為保羅的神學可以用人觀的角度來分析：「信仰之前的人」和「信仰之下的人」[11]。在此狂潮之下，保羅之猶太背景顯然被忽略，只有少數的學者如戴維斯和達爾堅持保羅之基督論當以猶太彌賽亞的角度來理解[12]。此外，在第二次世界大戰猶太人受壓迫屠殺的陰影下，不少學者多有良心反思，史坦達之「使徒保羅與西方之內省良心」提出在詮釋保羅思想時要注重猶太背景[13]。這些辯論都影響了對保羅的研究和加拉太書的研讀。

進入 70 年代，整個研究路線進一步受 3 個方向影響，即貝茲的修辭學進路、森達士的猶太教新觀和社會學分析進路。近代新約研究一般都需要考慮這幾個層面。

---

11 見 R. Bultmann, *Theology of the New Testament*, 1: 185~352。

12 W. D. Davies, *Paul and Rabbinic Judaism: Some Rabbinic Elements in Pauline Theology*; N. A. Dahl, *Jesus the Christ: The Historical Origins of Christological Doctrine*.

13 K. Stendahl, "The Apostle Paul and the Introspective Conscience of the West", *Harvard Theological Review* 56 (1963), pp.199~215; *Paul Among Jews and Gentiles*.

1.1. 修辭學進路

早在 1969 年梅倫堡已經發表了一篇文章，倡議修辭學研究路線不能停留在形式批評學的層次[14]。幾年之後，貝茲就發表其對加拉太書研究初熟之果，有關這書的文學結構和功效，並介紹其劃時代巨著《加拉太書注釋》[15]。他大量引用希臘羅馬論證修辭學來分析保羅之思路和辯護法，並且認定此信屬「法庭式辯證」格式。根據亞里斯多德《論修辭學》1.2.3~6；另參君提聯《演講學論集》6.2.9~12），修辭學主要是「勸服」的藝術，它的過程和效果有賴三方面：

1. 講論者的道德品行（拉：*Ethos*）：透過作者本身的品格建立可靠性，贏取對方信心；
2. 講辭能挑起聽者的情緒（拉：*Pathos*）：以情感拉近距離，疏遠敵方；
3. 講辭爭論的合理度和說服力（拉：*Logos*）：以推論分析；理智的應用。講辭方面有 3 種類型（亞里斯多德《論修辭學》1.3.3）：
   a. 法庭式辯證：主要目的是為某人「過去」所行之事作出辯護或提出審問；
   b. 評議式討論（或譯「勸籲」）：政治色彩比較濃厚，主要目的是在政治或宗教辯論中，在公眾場所提出意見，為聽眾「將要」作出的行動和方向提出勸告

14 J. Muilenburg, “Form Criticism and Beyond”, *JBL* 88 (1969), pp.1~18.

15 H. D. Betz, “The Literary Composition and Function of Paul’s Letter to the Galatians”, *NTS* 21 (1975), pp.353~379; *Galatians: A Commentary on Paul's Letter to the Churches in Galatia*; “Galatians, Epistle to the”, *ABD* (1992), 2:872~875.

或警告；

c. 示範式論證：禮儀色彩比較濃厚，在大眾面前透過稱讚或責備來肯定某些倫理價值觀，借以影響會眾的評論[16]。

按貝茲的意見，保羅的敵對者猶如控告者，加拉太教會信徒則是審判者，保羅如同辯護者，為自己辯護澄清，整封書信就是他向加拉太人提出的自辯陳詞。貝茲把加拉太書的思路和大綱段落分析如下[17]：

1. 書信開場白（一 1~5）
2. 引言（一 6~11）：表明目的
3. 敘述（一 12~二 14）
   a. 表明中心（一 12）
   b. 保羅生平首先階段：由出生到小亞細亞宣教（一 13~24）
   c. 保羅生平第二階段：保羅第二次上耶路撒冷（二 1~10）
   d. 保羅生平第三階段：在安提阿的衝突（二 11~14）
4. 命題（二 15~21）：問題核心
5. 重申（三 1~四 31）：神學辯證
   a. 第一辯證：無可爭辯的明證（三 1~5）
   b. 第二辯證：基於聖經的論證（三 6~14）

---

16 另參西塞羅：《論創意》1.5.7；《專題集》23.91；君提聯：《演講學論集》2.21.23, 3.3~4。有關希羅修辭學之歷史，可參考 G. A. Kennedy, *The Art of Persuasion in Greece*; *The Art of Persuasion in the Roman* World *300BC~AD300*；B. L. Mack, *Rhetoric and the New Testament*。

17 Betz, *Galatians*, pp.16~23.

c. 第三辯證：基於人間慣例的論證（三 15~18）

d. 離題討論：有關猶太律法（三 19~25）

e. 第四辯證：基於基督教傳統的論證（三 26~四 11）

f. 第五辯證：基於友情的論證（四 12~20）

g. 第六辯證：基於聖經的寓意論證（四 21~31）

6. 勸勉或反駁（五 1~六 10）

a. 有關遵守猶太律法的警告（五 1~12）

b. 有關「肉體」敗壞的警告（五 13~24）

c. 有關倫理實踐的建議（五 25~六 10）

7. 書信結尾或結語（六 11~18）

雖然貝茲帶動了一新研究進路，他的分析並非沒有漏洞，而被學者全盤接受。不少學者都評論貝茲過分強調加拉太書一至二章的火藥味而忽略了保羅最終的勸勉目的，尤其是五至六章。若保羅所關心的不是過去的評估，而是將來的方向，那麼加拉太書作為「評議式論證」就更加貼切[18]，例如肯乃地分析如下[19]：

1. 書信開場白（一 1~5）
2. 引言（一 6~12）：表明目的；關鍵是保羅的福音
3. 敘述，又稱事實陳明（一 13~二 21）：強調保羅的道德品行，包括保羅向彼得的「講論」（二 15~21）
4. 重申（三 1~四 31）：神學論證
5. 勸勉（五 1~六 10）：生活行為的勸告

18 B. Witherington, *Grace in Galatia: A Commentary on Paul's Letter to the Galatians*, pp.25~33.

19 G. A. Kennedy, *New Testament Interpretation through Rhetorical Criticism*, pp.144~152.

6. 書信結尾（六 11~18）

另外，朗格內克和韓申皆認為加拉太書混合了法庭式辯證和評議式論證，四章 12 節為其分界[20]。朗格內克的分析如下：

1. 開場白（一 1~5）
2. 責備部分（一 6~四 11）：以法庭式辯正為主
   a. 引言（一 6~10）
   b. 敘述（一 11~二 14）
   c. 命題（二 15~21）
   d. 重申（三 1~四 11）
3. 請求部分（四 12~六 10）：以評議式論證為主
   a. 勸勉：第一部分（四 12~五 12）
   b. 勸勉：第二部分（五 13~六 10）
4. 結尾（六 11~18）

雖然相當多學者注重修辭學分析，但還是有人如鄧雅各般只把重點放在論證思路方面，而不強調修辭學分析。鄧雅各把這書大綱分為：引言（一 1~10）；保羅為其福音辯護（一 11~二 21）；以經驗和聖經為本的主要論證（三 1~五 12）；聖靈中自由帶來的責任（五 13~六 10）；結語（六 11~18）[21]。另外馬廷顯得更消極，他強調這書是一處境性講章而已[22]。

---

20 R. N. Longenecker, *Galatians*, pp.c~cxix; G. W. Hansen, *Abraham in Galatians: Epistolary and Rhetorical Contexts*; "Galatians, Letter to the", *DPL* (1993), pp.323~334; *Galatians* (IVPNTC; Leicester: IVP, 1994), pp.23~24.

21 見 J. D. G. Dunn, *Galatians*, pp.20~22; cf.*Theology*, pp.10~12。

22 J. L. Martyn, *Galatians*, pp.20~27.

斯華仍然沿用傳統分析法來看待這書的邏輯：引言（一1~10）；保羅的使徒身分（一 11~二 21）；保羅的福音（三1~四 31）；保羅的命令（五 1~六 10）；結語（六 11~18）[23]。由此可見，有關加拉太書之修辭學和思路大綱問題還沒有達到共識，仍有待研究和發現。

1.2. 猶太教新觀

另一重要著作是森達士在 1977 年所發表的《保羅與巴勒斯坦猶太教》，為保羅研究豎立了新的里程碑[24]。

傳統上我們以為猶太信仰是強調靠行為得救，如何賺取救恩，成為神的子民（假設問題是「進入」的條件：「如何得救？如何進入救恩的門檻？」）。但森達士成功的辯明猶太教基本上並沒有鼓吹靠行為得救這回事，反而強調「恩約行為」，重點在於如何維持在神的恩典中（實際的關鍵是「留在裏面」：「如何持續保留在恩典中？」）。舊約本身也是以恩典為主，神應許亞伯拉罕和以色列民，使他們整個民族與神立約；作神的子民，是出於神的應許和恩典，與是否謹守律法無關。這「恩約行為」的觀念和架構就好像出埃及記十九至二十章：先是講論耶和華對以色列民的救贖行動，然

---

23 M. Silva, *Explorations*, 90~100；〈加拉太書〉，《證主 21 世紀聖經新釋》，頁 1265~1278。

24 E. P. Sanders, *Paul and Palestinian Judaism: A Comparison of Patterns of Religion*；另參其 *Paul, the Law, and the Jewish People*; *Jesus and Judaism*; *Paul*; *Judaism: Practice and Belief: 63BCE~66CE*, pp.241~278.

後才提出摩西所頒布的十誡和律法條例，作為神子民的生活行為之準則；得救與否並非以生活行為來定奪。

根據森達士的看法，猶太教的救贖論乃是建立在神的恩約上，所謂「靠律法或行為得救」的看法是完全沒有根據的。以此猶太教新觀來看，「恩約行為」是指：「一個人在神計劃中的地位是建立在恩約的基礎上，而恩約所要求於人的正當回應乃是順從它的誡命，同時它為人的過犯預備了救贖之法……。基本觀念是神主動採取行動，以色列民接受神的作為；神賜下誡命，以色列民同意遵守。持續遵行律法表示留在恩約或立約群體之內；拒絕遵行便被排除在外。」[25] 以此架構，森達士提出「恩約行為」的基本格式和要義如下：

> (1) 神揀選了以色列並 (2) 賜下了律法。律法同時意味著 (3) 神應許維持（他對以色列的）揀選，及 (4) 以色列人必須順從。(5) 神獎賞順從，懲罰過犯。(6) 律法備有救贖之法，贖罪的結果就是 (7) 約的關係得以維持或重新建立。(8) 所有藉著順從、贖罪和神的憐憫而被維持在約內的人，都是屬於將會得救的那個群體[26]。

森達士之「猶太教新觀」就連權威猶太學者紐斯拿也大

25 Sanders, *Paul and Palestinian Judaism,* pp.75, 237.

26 Sanders, *Paul and Palestinian Judaism,* p.422。此翻譯引自馮蔭坤：《羅馬書註釋》（卷一），頁 128。

表贊同[27]。若是如此，當保羅宣稱「人稱義不是因『律法之工』（原文ἔργα νόμου；《和合本》誤譯為「行律法」），乃是因信耶穌基督」（加二 16），他反對的是甚麼？在 1982 年，鄧雅各發表了一篇突破性的演說，名為〈保羅新觀〉，從而確定「猶太教新觀」作為理解保羅思想的神學框框[28]。他指出當年保羅所反對的並非「靠行為稱義」的教義，而是猶太信徒過分強調那些突顯自己是神的立約子民的社會性宗教行為，尤其是割禮、食物潔淨的條例和遵守安息日和節期等「猶太人身分標記」。由此可見，保羅與加拉太敵對者所爭論的是何謂神的子民，以及如何確定神子民的宗教生活行為的問題。

近年來，加上死海古卷的發現和研究，保羅的猶太背景愈來愈備受關注。蘇樂撰寫的《在耶穌基督時代的猶太人之歷史》新修訂版也扮演了非常重要的角色[29]，這些文獻引發學者對猶太教和文化處境濃厚的興趣，從而更正了不少偏見。在詮釋新約著作時，我們必需留意在一般猶太人宗教生活裏的所謂「猶太教四大支柱」：（1）獨一神觀：除了耶

---

27 J. Neusner, "'Covenantal Nomism'.The Piety of Judaism in the First Century, " in *Major Trends in Formative Judaism*, 3rd series, *The Three Stages in the Formation of Judaism*, pp.9~34.

28 J. D. G. Dunn, "The New Perspective on Paul", *BJRL* 65 (1983), pp.95~122; 收錄在 *JPL*, pp.183~214, esp. pp.242~246; *Partings*, pp.135~138; "Yet Once More –'The Works of the Law' A Response," *JSNT* 46 (1992), pp.99~117; Dunn, *Theology*, pp.354~366。接下來以此角度來詮釋保羅書信: *Romans*; *Galatians* (1993); *The Theology of Paul's Epistle to the Galatians*。

29 E. Schürer, *The History of the Jewish People in the Age of Jesus Christ (175BC~AD135).*

和華以外，別無他神；（2）神對以色列民的揀選，猶太人獨為「恩約的子民」，被賦予應許之地；（3）神賜予他們聖約和律法；（4）聖地為神所賜，並以聖殿為中心[30]。這對於了解保羅跟猶太人的辯論有很大幫助。鄧雅各認為「恩約行為」的要點有兩方面：律法乃是上帝在恩約裏賜給以色列子民的，對摩西律法之順從乃是子民對上帝的揀選的合理回應；因此，「律法行為」是人在恩約裏當有之生活表現，尤其是在保存與顯明以色列子民之身分時[31]。

至於為何保羅拒絕傳統猶太教的教訓，強調信仰耶穌基督，學者盼望能發現其內在邏輯。例如，保羅在加拉太書二章 19 節，三章 19 至 21、24 節和五章 4 節對律法相當批判，然而在五章 14 節，羅馬書三章 27、31 節，七章 12、14 節，八章 2、4 節，九章 31 節，十三章 8 至 10 節及哥林多前書九章 20 至 21 節卻顯得肯定它之價值。有關保羅對律法的各種意見，我們可以推論出甚麼關於保羅神學潛在的邏輯呢？

傳統的意見認為是「從人之困境到問題解決方案」(from plight to solution），以救贖論的角度來看。意思是，當保羅發現人在罪中之困境乃無藥可救，然後醒悟到神在耶穌基督裏的救恩是惟一的途徑時，他從此以後便放棄所謂的「律法之路」，並且嚴厲的批判它[32]。然而，森達士卻爭辯說，保羅拒絕律法的真正原因是基於他在基督論上的考慮。根據他

30 Dunn, *Partings,* pp.18~36: "The Four Pillars of Second Temple Judaism".

31 Dunn, *Partings*, p.24.

32 如 F. Thielman, *From Plight to Solution: A Jewish Framework for Understanding Paul's View of the Law in Galatians and Romans*。

著名的說法，保羅的邏輯是「從問題解決方案來推論到問題根源的」（from solution to plight）[33]。

他辯說，二章 21 節下和三章 21 節事實上可能提供了保羅對有關上帝的義和律法對比之關鍵：「義若是藉著律法得的，基督就是徒然死了……如果他的死對全人類的救恩是必須的話，那麼救恩就不可能從其他方式而來，這個結果是，所有的人在還沒有死亡和復活之先，必定需要一位救主。」[34] 還有一個因素是保羅相當看重的，那就是他外邦使徒的身分和教會論。他的內在邏輯還有「從教會關懷到基督中心」（from ecclesiastical concerns to Christo-nomism）。保羅似乎非常關心基督徒群體的本質，尤其是外邦信徒和猶太信徒在基督裏平等的地位：外邦信徒如何在基督徒群體中被接納為同等會員，以及如何過基督徒的生活等。這些因素也許影響保羅對（猶太）律法有不同的理解[35]。這些辯論對於我們詮釋這卷書有相當大的影響。

1.3. 社會學分析進路

要研究保羅思想，除了文學和神學的關注之外，對歷史

---

33 見 Sanders, *Paul and Palestinian Judaism*, pp.442~447; *Paul, the Law*, pp. 35~36, 125, 150~151。

34 Sanders, *Paul and Palestinian Judaism*, p.443; 另見 *Paul, the Law*, pp. 27, 152, 159, 165n34, 208。

35 如 R. B. Hays, *Echoes of Scripture in the Letters of Paul*, pp.86, 104, 105~121。他認為保羅之釋經原則是關乎教會論的。見六章 2 節之討論。

與文化背景的認識也是非常重要的。目前的社會學分析進路（或稱「社會文化評釋法」）可以說是其延續。當學者探討初期教會的發展經過，為何基督教會跟猶太教分手，保羅的「家庭教會」是如何建立起來的，以及保羅的人事處理時，發現嚴格的歷史考察加上一些社會學模式可以帶出亮光來。

此方法通常採用模式、理論、不同觀點和社會學科的研究成果，去探索經文在環境背景中呈現的社會和文化的層面。主要探討的是：（1）經文在社會層面上的意義，影響作者傳達信息的因素，和作者期望產生的效果；（2）經文的語意、文學類型、神學架構和社會層面這 4 個環節的相互關係；（3）經文如何反映和回應社會文化的價值觀。常被採用的社會學模式有以下 3 種：結構功能模式、衝突模式和象徵模式[36]。在加拉太書我們會留意到外邦信徒在猶太社群中的困難，尤其是領受割禮（見二 1~10）和「同桌聚餐」（二 11~14）的問題[37]。這對於我們了解加拉太書一至二章保羅跟耶路撒冷教會和「教會柱石」的關係也會有一些幫助[38]。

在神學和社會學交織下，我們也要留意到保羅和猶太教之關係。保羅是否要把基督教和猶太教分別出來？保羅是否

---

36 蘇發聯：《新約社會文化》，頁 3~6。

37 參 Kok, *Truth*, pp.66~73; J. D. G. Dunn, "The Incident at Antioch" (Gal.2.11~18) in *JPL*, pp.129~182; P. F. Esler, *Galatians*, pp. 93~116; 蘇發聯：〈潔淨與不潔〉、〈同桌聚餐〉，《新約社會文化》，頁 62~79；80~93。

38 參 J. D. G. Dunn, "The Relationship between Paul and Jerusalem according to Galatians 1and 2", [1982] in *JPL*, pp.108~128; N. Taylor, *Paul, Antioch and Jerusalem: A Study in Relationships and Authority in Earliest Christianity*; Esler, *Galatians*, pp.117~140; S. H. Polaski, *Paul and the Discourse of Power*。

要保留猶太人的身分和情懷？沃旬認為保羅的宣教策略和目的，乃是要把基督教會從猶太會堂分別出來，使教會的存在成為在猶太教律法和社會限制以外的另一個教派[39]。同樣，賴孫能爭議說保羅乃是要脫離猶太教，成立一獨立的運動[40]。森達士更明確地說明：「保羅認為猶太教之問題在於它並非基督教」，他的福音和宣教就是要跟猶太教分離[41]。猶太學者西革認為保羅信仰耶穌，又加入一外邦基督徒團體，顯然是歸入猶太教異端，脫離法利賽正統了[42]。不過戴維斯卻認為，保羅即使接受拿撒勒人耶穌為彌賽亞、受死又復活的基督，他始終忠於以猶太教形式來過基督徒生活，並終身保留猶太人的身分[43]。鄧雅各更加辯論說，保羅和基督教運動並沒有跟猶太教完全脫離。保羅依然保留其以色列人身分，並且竭力改變傳統猶太教對於外邦信徒信仰彌賽亞和加入教會的觀感，尤其是對猶太律法的詮釋。因此，張力是肯定存在的[44]。所以，我們閱讀加拉太書，也需要注意到保羅和猶太教的一般關係。究竟保羅的策略是要遠離猶太教，或是存留在裏面？使外邦基督徒跟猶太信徒隔離或是彼此

---

39 F. Watson, *Paul, Judaism and the Gentiles: A Sociological Approach*, pp.38~48; pp.49~72 有關保羅對加拉太危機之處理。

40 H. Räisänen, “Galatians 2.16 and Paul’s Break with Judaism,” *NTS* 31 (1985), pp.543~553, collected in *Jesus, Paul and Torah Collected Essays*, pp.112~126.

41 Sanders, *Paul and Palestinian Judaism*, p.552.

42 A. F. Segal, *Paul the Convert: The Apostolate and Apostasy of Saul the Pharisee*.

43 Davies, *Paul*, pp.xxx, 321.

44 見 Dunn, *Partings*, pp.117~139, 146~149; *Romans*, pp.lxxi~lxxii。

包容？保羅有沒有推向「第三族類」的意思？

在本書中，我們會嘗試結合多元進路，透過不同的角度來閱讀保羅的思路，無論是在文學修辭方面、社會文化方面、猶太宗教背景，以及神學方面的探討。我們固然不可能忽略過去兩千年在神學方面的討論，但我們盼望能夠重新閱讀，或許可讓我們對保羅有多一點點的了解[45]。

在研究的過程中，我們需要對加拉太書的處境作一些探討，這包括作者使徒保羅的身分和背景、讀者加拉太教會（南北加拉太的問題；著作年份）、敵對者的身分和思想、當時加拉太的危機以及保羅的應對。然後我們嘗試對加拉太書的文學修辭作一些討論，從而提出全書的大綱分析。接下來的部分是全書六章的內容分析，包括主要的段落思路、神學重點、保羅的游說策略。最後我們盼望能發現保羅在加拉太書的神學重點和信息。基於此書目的為淺介而已，並非詳細註釋，有興趣作進一步研究者可留意註引所介紹的書目[46]。

---

45 保羅神學的探討在過去 20 年來有一些嘗試，特別留意 Society of Biblical Literature 之研討會所曾收集成書的資料：J. M. Bassler (ed), *Pauline Theology, volume 1*; D. M. Hay (ed), *Pauline Theology, volume 2*; D. M. Hay & E. E. Johnson (eds), *Pauline Theology, volume 3*; E. E. Johnson & D. M. Hay (eds), *Pauline Theology, volume 4* 和 J. D. G. Dunn 主編的 New Testament Theology 系列。有關保羅書信已出版的包括 J. Murphy-O'Connor, *The Theology of the Second Letter to the Corinthians* (1991); Dunn, *Galatians* (1993); K. P. Donfried & I. H. Marshall, *The Theology of the Shorter Pauline Letters* (1993); A. T. Lincoln & A. J. M. Wedderburn, *Theology of the Later Pauline Letters* (1993); F. Young, *The Theology of the Pastoral Letters* (1994); V. P. Furnish, *The Theology of the First Letter to the Corinthians* (1999)。

46 詳盡內容可參 G. Wagner (ed), *An Exegetical Bibliography of the New Testament: Romans-Galatians*, pp.275~379; W. E. Mills, *Galatians*; Martyn, *Galatians*, pp.43~78。

第二章

加拉太書的處境問題

當我們開始閱讀加拉太書時，我們會發現此信的語氣非常激烈，充滿爭論，行文流露熱情，態度卻迫切。這些教會原為保羅所建立的（一 2，四 13~14）；但如今有一些來歷不明的「敵對者／假教師／猶太主義者」來挑戰保羅的事工和教導，他們試圖勉強加拉太原先信奉異教的外邦信徒（四 8~9）接受猶太割禮（五 2~12，六 12~13）。他們也有可能鼓勵加拉太信徒遵守猶太律法和習俗：如安息日、食物潔淨條例和節日（參二 12，四 10）。顯然保羅認為他們的行動危害到「福音的真理」（二 5、14），故此立刻書寫此信回應敵對者的錯謬教訓，為要挽回加拉太信徒，使他們歸回真道。

在這書保羅很不客氣的咒罵那些敵對者企圖更改基督的福音（一 6~9），批評那些偷偷進來的「假弟兄」不懷好意，強迫提多接受割禮（二 4），帶有輕蔑語氣提到那些耶京的「教會柱石」，神並不以外貌取人（二 6），之後連彼得也被責罵假冒偽善，破壞了教會的團契（二 13~14）。在勸勉的段落裏，保羅仍然強烈的警告那些攪亂者（五 2~4、7~10），包括很粗魯的嘲諷他們，叫他們閹割自己（五 12）。結尾時再次批判敵對者的動機不良，貪生怕死，勸誘信徒接受割禮（六 12~13）。

究竟這些敵對者是誰？加拉太教會的問題是甚麼？此危機的來龍去脈又如何？當我們要研究加拉太書時，我們需要對其處境有一些認識，這些探討包括作者、讀者、敵對者的身分和思想，當時加拉太教會的危機，以及保羅的應對策略。

2.1. 「書信」的觀察

當保羅所建立的教會遇到難以解決的問題時，他們會考慮向保羅請教。一般而言，保羅都期望可以親自出馬，直接到發生問題的教會去視察並解決問題。若是不能前行，保羅會考慮差派同工為代表去視察，並嘗試解決問題。第三個選擇是以「書信」來代表他本人的臨在，它在本質上含有權威的象徵，教會信徒當接受它的勸誡，如同接受主耶穌基督的勸誡一樣。保羅也有透過書信來提供牧養事奉，如勸勉、指責、教導等。一般而言，保羅的書信介乎私人（個別性）和公開（教會性）的特色；類別包括友誼之信、舉薦信、請求、教導、安慰、稱讚、感謝、審問和責備等。在格式方面則相當固定，包括 4 部分：

1. 開場白／信端：包含發信者、收信者和問安；
2. 感謝和祝禱；
3. 信體：包括教義、真理和信徒應有的生活表現的討論；有時也敘述宣教和探訪的旅程；
4. 信末結語，問安和祝福。

研讀保羅書信時，我們需要留意書信的格式和暗示，尤其是那些不太尋常的表達。以這書來說，它缺乏感謝和祝禱部分，反而是以「驚訝」、咒詛和使徒宣稱來開始（一 6~10），這顯示保羅對加拉太信徒在信仰上的情況感到極度的失望。另一方面，我們也當留意到保羅應用的修辭學。古代作者有時會同時採用不同類型的修辭論證法和修辭勸服的途徑，他會全面運用 *Ethos*，*Pathos* 和 *Logos* 來游說（參上文「修辭學進路」的討論）。除此以外，保羅也有採用其他修辭表達，如交叉式結構、平行體表達和猶太米大示釋經法等，又引用早期教會流傳的基督論頌詞（如加一 4，二 20，三 13~14，四 4~5；弗二 6~11）或信仰宣認（如加二 16 上，三 20；羅一 4，四 24~25，八 34，十 9，十四 9；林前十五 3~5）；洗禮禮儀公式（如加三 26~28），以及較固定的勸告教導（如加五 17~24；帖前四 3~8；弗五 3~14）和家庭規範（如弗五 22~六 9；西三 18~四 1）。

2.2. 作者：使徒保羅

保羅認識自己的身分為耶穌基督的使徒（一 1）。他早年是猶太教的狂熱分子，甚至迫害神的教會（一 13~14）。然而神奇妙地使他的生命全然改變，從迫害者成為傳道者（一 15~16），隨即他立刻進行傳道事工，遍及猶太地區（一 17~24）。接下來他談及在耶京與基督教領袖們的接觸（二 1~10）和在安提阿跟彼得的爭論（二 11~14）。他也有提及早年在加拉太地區的佈道事工，他們如何熱情接待他（四 12~20；另參三 1~5）。最後暗示他是如何的勞苦，為信仰受苦（六 17）。把這些資料連貫起來，我們可以對使徒保羅的生平和事工有一概念，從而把加拉太書處置其間[1]。

為研究保羅的思想，我們需要留意他的生平背景，尤其是他的根：猶太宗教傳統，改變他生命和價值觀的「大馬士革事件」，他對耶穌為彌賽亞在認知上的轉變，以及他跟其

---

1 Dunn, *Theology*, p.5.

他教會領袖之關係和爭論[2]。有關保羅的出身，他是大數城的人（徒二十一 39），大數在當時是一商業、文化和教育中心，並受希羅文化和猶太文化影響，保羅的希臘哲學背景或許從此而來[3]。保羅是他的希臘文名字，掃羅為其希伯來文之名（參徒十三 9）。他是羅馬公民（徒十六 37，二十二 28），可能因為他家境富有，他常以猶太人的身分而感到自豪（羅十一 1）：「希伯來人所生的希伯來人。」（腓三 5）這表示他血統純正，也在文化傳統上保持純正，沒有被希羅文化所同化。他在猶太學者希列得意弟子迦瑪列名師之下受教（徒二十二 3；另參五 34~39）；自認為優秀的學生，通曉猶太律法和傳統，並非常熱心遵守，甚至狂熱非常（加一 13~14；腓三 6；徒二十六 4~5）。

在蒙召（或悔改）前，他原屬法利賽派，是一宗教狂熱分子，迫害信奉耶穌的人，他也有分殺害司提反（徒七 54~60；時為大約主後 33 年，以耶穌於主後 30 年受死復活計算）：當中的原因和背景，包括在神學上他無法接納被釘十架的耶穌是猶太盼望的彌賽亞，以及當時在社會文化上的擔憂。若猶太基督徒開始比較開明地與外人交往，尤其是「講希臘話的猶太人」，保羅擔心猶太人的身分特徵的標志在開放的交往下會漸漸被沖淡和妥協。因此他作出強烈的反應，並要以自己為民族文化英雄來保衛傳統，逼迫殺害那些違背者（徒八 3，九 1~6，二十二 4~5，二十六 9~11；後來才了

2　有關保羅生平的介紹，如黃錫木：《新約研究透視》，頁 68~100；J. Drane：《保羅》；巴克萊 (W. Barclay)《基督的大使：保羅的生平和教訓》。

3　參 R. Wallace and W. Williams, *The Three Worlds of Paul of Tarsus*。

解自己的錯誤，是大罪人一個，提前一 15~16）[4]。

「大馬士革事件」（大約在主後 33 年）對保羅的影響很大（見加一 15~16；徒九 1~22，二十二 6~16，二十六 12~18；不同的經文在記載的細節上有些不同）[5]。復活的基督向他顯現，使他生命全然改變；這「大馬士革事件」的意義包括：（1）信主經驗；（2）蒙召經驗，領受使徒職分和使命；（3）基本神學形成的開始，尤其是他的基督論和教會論（主的身體）。保羅對此經驗有這樣的解釋：神向他啟示了他的兒子（加一 15~16）；他看見了主（林前九 1）；復活的主向他顯現（林前十五 8）。在基督論方面，他領會到耶穌就是基督（彌賽亞），十字架的咒詛並非因耶穌有罪，乃是因為他代替世人受罪受死而已（參加三 10~14）。耶穌基督的降臨引進救恩新時代；舊時代或律法時代已經過去（加三 23~25，四 4~7）；在基督裏，一切都變成新的了（加六 15~16；林後五 17）；新生命就是「在基督裏」（ἐν Χριστῷ；in Christ）的生命（加二 20；腓一 21）。由此可見，保羅思想的巨大改變包括：（1）價值觀的改變（腓三 7~11）：重點從傳統律法轉移到基督，從強調自己的義到神在基督裏的義（from *my own* righteousness to God's in Christ），從迫害者到甘心為主受苦。（2）宣教觀的改變（加一 15~16）：被神選召為「外邦人的使徒」（羅一 5，十一 13，十五 15~16；另參徒九 15，二十二 15，二十六 17~18），特地向外邦人傳講福音，並對外邦人事工有特別承擔（加二 9；弗三 1~13）。

4　見下文有關加拉太書一章 13 至 14 節之補充解釋。

5　見 Drane：《保羅》，頁 27，30；G. Lohfink, *The Conversion of St. Paul: Narrative and History in Acts*。

學者大多同意「大馬士革事件」對保羅神學的成形很重要：他思想的主要因素，希臘哲學，猶太傳統和基督，還有在大馬士革路上的沖擊，以後者為最重要的因素，如同催化劑一樣。問題是保羅的神學思想是否在「大馬士革事件」上已完全被塑造。金世榮同意這看法[6]，但鄧雅各認為，在加拉太書二章 11 至 14 節所記載的「安提阿事件」，也為他帶來相當的沖擊，進一步挑戰著保羅的思想，尤其是外邦信徒的地位和「因信稱義」的社會意義[7]。

既然「大馬士革事件」對保羅影響深遠，他的經驗究竟是悔改或是蒙召呢？若是以悔改的模式來看，那表示保羅是從信奉猶太教轉而歸信基督教，脫離了原本的宗教和社會。若以這角度來看，從今以後保羅與猶太傳統的關係就變成是完全破裂的了[8]。另一個看法是以「同一宗教不同派系」的角度來了解保羅的經驗：意思說他是從猶太教的「法利賽派」轉到「彌賽亞派」，在思想上有相當重大的改變和調整，但並非完全脫離本來的宗教團體或丟棄以前的信仰傳統。然而，若以加拉太書一章 15 至 16 節的描述來看，保羅是以「蒙

---

6 S. Kim, *The Origin of Paul's Gospel*.

7 Dunn, *Partings*, pp.130~135.

8 如 C. K. Barrett, *Freedom and Obligation: A Study of the Epistle to the Galatians*, pp.7, 110~111; B. R. Gaventa, *From Darkness to Light: Aspects of Paul's Conversion in the New Testament*; H. Räisänen, "Galatians 2.16 and Paul's Break with Judaism," *NTS* 31, 1985, pp.543~553。

召」的框框來談論神對他的差遣[9]。雖然如此，「大馬士革事件」對保羅的影響深遠，顯然保羅從今以後開始以「基督」的角度來重讀重解猶太律法和傳統（christocentric hermeneutic）。這對於保羅如何理解舊約的亞伯拉罕、應許和「選民」大有影響（如加六 16；羅九~十一章）。

既然保羅強調的自我宣稱為「耶穌基督的使徒」（加一 1），以「不是……不是……乃是……」來表達，他的身分顯然是被質疑的。再者，他宣告他行事為人並非要討人的喜歡，而是要得神的心（加一 10），這正好像暗示有人在誣告他動機不良。之後，他再表白他不受逼迫威脅而放棄傳講十字架的道理（加五 11）。最後，他直截了當宣布「斷不以別的誇口，只誇我們主耶穌基督的十字架」（加六 14 上）。由此可見，保羅所面對的攻擊，使他需要澄清他的使徒身分和權威，並以耶穌基督的十字架來回應加拉太教會的危機。

2.3. 讀者：加拉太教會

我們可以相當肯定，讀者是原本信奉異教的外邦人（加四 8，五 2~3，六 12~13）。接下來的問題是書寫年份和確實對象：加拉太書是在保羅哪一個宣教行程時所發表的？他針對的讀者「加拉太的眾教會」在何處？因為保羅有交代耶京大會（加二 1~10）和安提阿事件（加二 11~14），顯示這書是在這些事件發生後不久完成。這書也有提到一些加拉太信

9　如 J. D. G. Dunn, "'A Light to the Gentiles': The Significance of the Damascus Road Christophany for Paul," in *JPL*, pp.89~107; Stendahl, *Paul*。

徒的背景：他們曾經很熱忱接待保羅，甚至願意犧牲「剜出眼睛」來給他（加四 13~15）；當保羅向他們傳講耶穌基督的十字架時，他們經歷到聖靈大能，也以信心領受了福音（加三 1~5）。問題是：這些教會的確實位置在哪裏？被稱為「加拉太人」的（加三 1）究竟是誰？是種族性的名稱，還是行政地區的稱號？

由於缺乏關於信的內證和外證的明確資料，這封信是寫給哪一個地區的教會、在甚麼年代寫成、在保羅的宣教行程中哪一個階段所寫，甚至在甚麼地方寫成，都不容易推測。路加在使徒行傳中兩度提及這個地方（參徒十六 6，十八 23），而在十八章 23 節似乎更提示到加拉太地區已有基督徒團體的存在。關於收信者和年代問題，當中有 3 個密切關聯的問題：

1. 「加拉太」這個名稱是指一個地理區域，還是一個行政省份[10]？
2. 保羅在加拉太書四章 13 節所指之「頭一次」（τὸ πρότερον）是甚麼意思？它的意思可能是「頭一次」（the first time 或 once；按古典希臘文用途；表示保羅有兩次訪問加拉太教會）或「較早時」（formerly 或 earlier；按新約時期希臘文用途）。

10 主前 64 年，加拉太得到羅馬人保護，原為隸屬羅馬帝國的一小國。但於主前 25 年，這個小國成為羅馬帝國的一個省份，除了本土以外，還包括一些鄰近地域，如部分的本都、弗呂家、呂高尼、彼西底、帕弗拉哥尼亞和伊索尼亞。有個時期，這個省份的界限經常更改，因而加拉太這個名稱也有了廣泛的意義，人很難確定它的領域。居住人士包括原本的加拉太人、希臘人、羅馬人、高盧人和猶太人。見《聖經新辭典》（上），頁 532~533。

3. 在加拉太書二章1至10節所描寫的耶京事件，到底應與使徒行傳十一章27至30節（另參徒十二25）所謂的「救災探訪」（救助饑荒），或是與使徒行傳十五章1至21節的「耶京會議」所記載的相配合？

基本的辯論是：究竟保羅是在耶京會議之前寫成加拉太書，還是在該會議完結後才寫成。在這問題上的討論，大概可分為「南加拉太說」（省份假設）和「北加拉太說」（區域假設）。

接受「南加拉太說」的學者認為，「加拉太」一詞乃指政治體系上羅馬帝國在小亞細亞中部所建立的一個省份，區域很廣。根據使徒行傳十三至十四章的記載，保羅第一次宣教時曾經在這個省份南部的城市傳教，包括彼西底、以哥念、路司得和特庇，並在當地建立教會（徒十三14、51，十四6）。保羅在第二次宣教行程中亦重訪這些教會團體（參徒十六1~5）。支持這立場的學者也認為，加拉太書二章1至10節所提及上耶京的事件，乃是在保羅信主後「第二次上京」的行程，那必然等同於使徒行傳十一章27至30節的「救荒慰問」行程。根據這樣的推論，「耶京會議」在當時還沒有召開，他們並且認為使徒行傳十五章1至5節有關按摩西的規條行割禮的爭論也就是加拉太書二章11至14節的背景了。按照此推論，加拉太書的成書日期介乎主後48至49年間。既然這書沒有提及耶京會議議決的「使徒法令」（徒十五22~29），它必定是保羅趕著上耶京之「前」所寫的，也就是保羅最早的著作了。寫作地點大概是在安提阿[11]。「南

---

11 例如滕慕理：《新約綜覽》，頁217~218；吳慧儀：《談情說理話新約》，頁153~155；黃錫木：《新約研究透視》，頁112。

加拉太說」的重點包括：

1. 使徒行傳十五章所提及的會議是公開的，而在加拉太書二章 1 至 10 節提及的會議則是私下的會談；
2. 加拉太書二章 1 至 10 節是保羅「第二次」上耶京，比較符合使徒行傳十一章 30 節和十二章 25 節的次序；
3. 若加拉太書二章 1 至 10 節等於使徒行傳十五章 6 至 29 節，那麼保羅為甚麼遺漏了記載在使徒行傳中「第二次」上耶京的事呢？
4. 若此信是在耶京會議之後，為何保羅完全沒有提及「使徒法令」的議決？
5. 保羅有別於路加，喜歡以羅馬帝國的地區名稱來表達，如亞該亞（羅十五 26）；馬其頓（帖前一 6~7）；亞細亞（羅十六 5）；
6. 明顯強處：這說法在事件次序上跟使徒行傳較吻合。

然而，相當多的德國和英國學者卻採納「北加拉太說」。他們認為「加拉太」一詞乃指地理上小亞細亞以北的加拉太古國地區；保羅在第二次宣教行程期間在這地區建立教會。根據使徒行傳十六章 6 節，保羅再次探訪加拉太省南部的城市後，繼續經過「弗呂家、加拉太一帶地方」。根據這個看法，保羅曾橫過舊加拉太地區，包括北部的城市：庇斯勒士、安該拉及達法林，最後抵達特羅亞（徒十六 6~8）。後來保羅在第三次宣教行程再度探訪他們（徒十八 23）。按照此說法，這書乃寫於以弗所或哥林多，成書日期約在主後 52 至 55 年間[12]。此說的重點包括：

12 M. Silva,〈加拉太書〉，《證主 21 世紀聖經新釋》，頁 1266。

1. 保羅其實也有選用國土名稱，如敘利亞和基利家（加一21）；阿拉伯（加一16）；
2. 加拉太書二章1至10節和使徒行傳十五章兩處的描寫都提及外邦基督徒被要求受割禮的爭論；
3. 兩處都提及「猶太敵對者」的攪擾；
4. 在兩書出現過的主要人物類似：保羅、巴拿巴、耶京的「教會柱石」等；
5. 明顯強處：兩段經文內容較接近。

雖然如此，學者對於成書日期和地點的意見仍非常分歧。即使接受「南加拉太說」，卻不一定接受這書為最早寫成的書信（主後48至49年間），反而認為這書是在耶京會議不久之後完成（主後 50~52；鄧雅各；韓申；周聯華）。同樣的，接受「北加拉太說」者，也有認為這書是在耶京會議不久後就完成（主後 50~52；貝茲；沃旬）；也有認為它是較後才完成，僅在羅馬書成書之前完成而已（主後 55~56；甘慕爾；菲斯邁；布朗；斯華）。因為加拉太書四章 13 節所指的「頭一次」之解釋分歧（見下圖）[13]，故此我們當較客觀來對待此問題[14]。

加二 1~10 等於	「較早時」（加四 13）	「頭一次」（表示兩次）		寫作日期（主後）
徒十一 30，	十三 14~十四			48~49[15]

13 作者堅持保羅在加拉太只作過一次訪問：Burton, *Galatians*, pp.239~241。

14 見 Matera, *Galatians*, p.20; L. A. Jervis, *Galatians*, pp.7~9。

15 馮蔭坤：《真理與自由》，頁 263~264; Bruce, *Galatians*, p.209; Longenecker, *Galatians*, p.190。

十二 25	20（南區）			
徒十五 1~21	十六 6（北區）			50~52[16]
徒十一 30，十二 25		十三 14~十四 20（南區）	十四 21（回程）	48~49
徒十五 1~21		十三 14~十四 20（南區）	十六 6	50~52[17]
徒十五 1~21		十六 6（北區）	十八 23	55~56[18]

若使徒行傳的資料是可靠的話，根據路加的記載，保羅認識耶穌基督之後有 5 次上耶京的記錄：

使徒行傳經文	日期主後	離開地點	目的
九 22~30	35 [39?]	大馬士革	見彼得
十一 30，十二 25	46	敘利亞的安提阿	救災探訪
十四 26~十五 29	49	敘利亞的安提阿	處理外邦信徒行割禮的問題
十八 1、18、22	52	哥林多	[過逾越節；救濟窮人？]
二十 2~3，二十一 17 起	57	希臘	轉交救濟捐款

根據這系列，保羅在認識主耶穌 3 年之後，逃難離開大

16 Betz, *Galatians*, p.224; Martyn, *Galatians*, pp.19~20, 420.

17 Dunn, *Galatians*, p.233.

18 Brown, *Introduction*, pp.476~477.

馬士革（林後十一 33）上耶京去，這是他第一次上耶京的行程（加一 18，即徒九 26）。接下來的問題是，加拉太書二章 1 至 10 節保羅訪問耶京事件的描寫應與使徒行傳十一章 30 節、十二章 25 節，或是十五章 1 至 21 節來配合？我們不妨把這 3 段經文的重點並列來對照[19]：

	加二 1~10	徒十一 30，十二 25	徒十五
主要人物	保羅	保羅	保羅
	巴拿巴	巴拿巴	巴拿巴
	猶太敵對者		猶太敵對者
	「教會柱石」	？	「教會柱石」／長老
	提多		
主要事件	奉啟示	啟示？（十一 27~30）	被安提阿教會差遣出去
	討論割禮的問題		討論割禮的問題
	猶太主義者激烈反對		猶太主義者激烈反對
	賙濟窮人	賙濟窮人	
	保羅的使命受肯定		保羅被接納
	回安提阿	回安提阿	回安提阿
			使徒法令
目的	說明福音信息		說明福音信息
	賙濟窮人	賙濟窮人	

19 McKnight, *Galatians*, p.89；參考 R. H. Stein, "The Relationship of Gal. 2.1~10 and Acts 15.1~35: Two Neglected Arguments", *JETS* 17 (1974), pp.239~242; Fitzmyer, *Acts*, p.540。

如此看來，以事件的描述來說，加拉太書二章 1 至 10 節跟使徒行傳十五章 1 至 21 節比較相似，雖然並不完全相同。要是加拉太書二章 1 至 10 節所描述的事件就是使徒行傳十五章的內容的話，安提阿事件（加二 11~14）又在不久之後爆發，這書肯定是在主後 50 年之後寫成的。但此推論有一個很明顯的困難，那就是為甚麼保羅沒有在加拉太書中提及有關「第二次」上耶京「救災探訪」的行程（徒十一 30，十二 25）？這也就是「南加拉太說」的強力論據。因此有學者辯護說，那是因為路加的資料有疑點，錯把加拉太書二章 10 節所提及的「記念窮人」的事變成為使徒行傳十一章 30 節的事件。我們認為比較理想的解釋是，保羅並沒有打算在這一封火氣相當猛烈的加拉太書裏列下所有行程；他只是按照論證游說的需要，把他跟耶京教會領袖們關鍵性的交往提出來，因此沒有提及「救災探訪」的行程[20]。另一方面，兩書之不同之處，應歸咎於兩位作者不同的寫作目的[21]。

綜合上文討論，我們傾向於接受加拉太書的成書日期大約是在主後 50 至 52 年間。主要的考慮點是加拉太書二章 1 至 10 節和使徒行傳十五章 1 至 21 節對於耶京會議的描寫相當相似（加拉太書四章 13 節的「頭一次」之解釋不應該是決定性的因素）[22]。再者，這書的內容和風格比較接近哥林多前後書和羅馬書。由於安提阿事件可能發生在耶京會議後

---

20 Fitzmyer, *Acts*, pp.137~138.

21 見 Silva, *Explorations*, p.136; 〈加拉太書〉，《證主 21 世紀聖經新釋》，頁 1266；周聯華:《加拉太書．以弗所書》，頁 58。

22 Burton, *Galatians*, p.241; 馮蔭坤:《真理與自由》，頁 264; 參 BAGD, 1bβ; BDF, 62。

不久，現今又加上加拉太的危機，保羅在緊急的情況下完成這書，趕緊處理此外邦教會的問題。一般相信，這書的成書日期不可能遲過哥林多前書。至於加拉太地區是北或南，我們覺得並不很重要；對於了解這書之神學辯論關鍵之處，在於它發生在耶京會議之前或之後[23]。

2.4. 「敵對者」和加拉太教會的危機

加拉太教會的危機來自兩方面：（1）這些外邦信徒的信仰根基顯然不夠穩定，容易受波動影響（加一 6~9，三 1~5，四 8~11，五 7）；（2）外來敵對者的影響（加一 7，四 17，五 8~12，六 12~17）。因此部分信徒可能已開始遵守一些律法條例（參加四 10），但大體上還沒有完全聽從敵對者的勸告（參加四 9，六 13、16）。保羅稱呼這些敵對者為「攪擾者」（οἱ ταράσσοντες；加一 7，五 10），「攪亂者」（οἱ ἀναστατοῦντες；加五 12），所做的只不過是「迷惑」（加三 1）、「離間」（加四 17）、「攔阻」他人順從真理（加五 7）；誇耀肉體（割禮），貪生怕死，勉強他人受割禮（加六 12~13），把信徒拉到他們那裏去了。他們如同「一點麵酵能使全團都發起來」（加五 9）。保羅但願他們被趕逐

---

23 對照 Hansen, "Galatians", p.329: "The dating of Galatians is a notorious and for some a fascinating historical puzzle. But the outcome of the protracted debate about the date has little if any effect on the interpretation on the major themes of the letter."。「加拉太書的成書日期一直是出了名的歷史難題，也有人認為它是極具趣味的。但對成書日期所展開的連綿爭議的結果，對了解本書的主要題目所能構成的影響並不很大。」

出去（加四 30），自己閹割自己（加五 12）。他們對保羅也許也不是很友善，很有可能攻擊他的使徒身分和權柄，對福音真理的認識（加一 1、6~12），甚至他行事為人的一致性（加五 10）。加拉太教會的問題人物是誰？他們從哪裏來？他們的神學和宣教目標是甚麼？為何他們與保羅作對？

根據這書，保羅以第三人稱「他們」來談論敵對者（參加一 7，三 1，四 17，五 7~12，六 12~13），而以第二人稱「你們」來勸勉加拉太信徒（參加一 6、11，三 1，四 12 起），敵對者應該是來自外地的，如今侵入加拉太教會而已。加拉太書五章 10 節之「那攪擾的」（The Trouble-maker）是單數，似乎表示有一位領袖。這書多次論及猶太教和割禮事宜（參加一 13~14，二 7~9，六 16），大多數學者認為，這些敵對者是猶太人。加上保羅並沒有否定他們是基督徒，只是咒罵他們曲解「基督的福音」（參加一 6~9），他們應該是猶太基督徒（比較徒二十四 14、22）。他們似乎也接受因信稱義（參加二 16）和十字架（加六 12）的道理，只是在推論上有差異（見加三 1~5、15~18，四 9~10）[24]。他們的信息主要是勉強外邦信徒遵行割禮（加三 3，五 2~3，六 12~13；另參加五 6、11，六 15），並且全面遵守摩西律法（比較加四 10，五 3，六 13 上），以便完全投進「亞伯拉罕的大家庭」裏。

為甚麼敵對者會強調猶太割禮，鼓吹外邦信徒接受它？在舊約先知著作的傳統中，有論到末世「主的日子」外邦人朝向耶京，向神敬拜，是以「向中心聚集」的形象來描述[25]：

---

24 Dunn, *Theology*, pp.9, 64~100.

25 這種「向中心聚集」的意念與新約之「向外擴展」(*Centrifugal*，如太二十八 18~20；徒一 8）很不相同：在舊約的傳統裏，外邦人採

當神建立他的王國時，外邦人將會前來歸向他、敬拜他（賽二 1~4；彌四 1~3；參詩二十二 27；賽四十五 22~23，五十六 5~6；亞二 11，八 20~23），帶著世上的財富來朝拜（賽六十 3、5~6）和對神的選民服事（賽六十一 5）[26]。但是，至於外邦人在末世時如何歸信和敬拜神卻不很清楚：這些預言並沒有提出準確的細節，當外邦人歸向以色列的耶和華神時，他們應該如何行？他們需要成為猶太人嗎？他們應該接受割禮嗎？有需要遵守猶太人有關食物的條例嗎？安息日又當如何？比較清楚的是，在末日來臨時外邦人將會來敬拜耶和華；至於外邦人如何被接納進入神子民的群體裏，仍然是不肯定、模糊不清的。既然舊約傳統中有關外邦信徒在末世時該如何活出宗教行為並不清楚，敵對者則堅持外邦信徒當被納入猶太人的群體裏，被同化，並且要接受割禮和成為皈依猶太教者。而且，看起來亞伯拉罕在創世記十七章的榜樣更加有力地支持他們對割禮的要求（參加三，四章和羅四章）。從猶太人的角度來看，割禮的要求必須理解為一種認真看待神的應許的努力[27]，甚至可以說，這是一種對律法最自然的理解。因此，我們可以推論說，這些猶太基督徒敵對者更關心的是律法、猶太人的身分和猶太子民的優越感。

這種保守傾向早在耶京會議（加二 1~10）和安提阿事件（加二 11~14）已經出現，促使保羅深深感到「福音的真理」

取主動來親近上帝，加入上帝子民的群體，很少是猶太人出去邀請外邦人進來。見 D. Senior and C. Stuhlmueller, *The Biblical Foundations for Mission*。

26 見 Longenecker, *Eschatology*, pp.107~111。

27 Räisänen, *Jesus*, p.34; Stendahl, *Paul*, p.19.

（加二 5、14）受到威脅。在耶京有些「假弟兄」偷偷進來，私下窺探，要求外邦信徒接受割禮（加二 3~5），不過他們謀算失敗，耶京教會的領袖認同保羅和巴拿巴的福音和宣教事工（加二 6~10）。但不久後，安提阿教會又發生衝突：本來和諧的同桌團契，外邦信徒和猶太信徒一起用飯，但因為「從雅各那裏來的人」一到，彼得和其餘的猶太弟兄，甚至巴拿巴都裝假，退出而令團契中斷。保羅明白這行動的含義，即外邦信徒必須遵循猶太食物潔淨條例才算是符合規矩，同桌聚餐才能繼續進行（參加二 14）。他們大概代表一群來自耶京的保守派人士，認為信仰基督者仍然需要遵守猶太傳統和習俗，尤其是「律法之工」（指割禮、食物條例、安息日等；留意加二 15~16 上）。

保羅大概認為當年耶京教會的「假弟兄」、安提阿事件的「雅各派」和現今加拉太危機的敵對者是同一路線的激進猶太保守派人士（留意加拉太書二章 14 節下「勉強」二字和六章 12 節之「勉強」是相同的）[28]。他們的共同點是：外邦人加入基督教團體，單是接受耶穌基督（彌賽亞）和受洗是不足夠的，還需要離棄自己的文化習俗，接納猶太文化、習俗和傳統，尤其是接受猶太身分的標志——割禮、安息日和食物潔淨條例——並遵守全摩西律法[29]。簡單來說，那是要求外邦信徒「猶太化」（ἰουδαΐζειν；希臘字源是用來形容皈依猶太教的外邦人接納了猶太傳統[30]）。外邦人除了接受

---

28 Conzelmann & Lindemann, *Interpreting*, p.172.

29 Hansen, "Galatians", p.327; Jervis, *Galatians*, p.5.

30 在新約聖經中，此字只出現過一次於此；另見《七十士譯本》以斯帖記八章 17 節；ἰουδαΐζειν 不單指受割禮，也可包含其他層面的

耶穌基督為救主之外，還要全盤接受猶太宗教和文化，那簡直是文化侵略！當然，以敵對者的角度來看，他們也許覺得自己是「福音的教師」，目的是要「完成或補充保羅未完成的事工」（參加三 3）：保羅只是把外邦人帶進基督信仰的入門，他們卻要帶領外邦信徒進入「完全」的地步，即全盤接受猶太傳統和文化，成為「皈依者」（參創十七 9~14）。但是對保羅來說，任何「加添」都危害到基督的福音：基督信仰是建立在「因信稱義」上，而非「律法之工」（特別留意加二 15~16）；亞伯拉罕的後裔是以信為本的（加三，四章）；基督徒的標記是十字架，並非割禮（參加二 19~20，六 14~16）。藉著在基督裏的信心，外邦信徒已經為神所接納；同時他們在信仰歷程上依舊繼續為外邦人，不是成為猶太人或是相當猶太化的「敬畏神的人」。因此，當保羅感覺到敵對者所引起的混亂非常危急時（參加一 6~9），他便趕緊寫了這書，強烈回應他們的錯誤。

2.5. 處境的重整

耶京會議對於外邦信徒免受割禮的共識（加二 7~9），為甚麼現今會被敵對者重新質疑(加三 1~5，五 2，六 12~13)？其中一個可能是以安提阿事件（加二 11~14）的餘波來看：在同桌聚餐衝突之後，保羅與其他猶太基督徒彼此的差異比較明顯。耶京會議所達成的只不過是一項協議，那些保守的

意義：從 to adopt the rituals of the Jews 至 to live a Jewish mode of life, specifically to adopt circumcision 的層面。

「假弟兄」並不是很贊同的。「教會柱石」同意它，只是作為一次讓步而已：外邦信徒只是免受割禮，其餘的「律法之工」（如食物條例和安息日）並不包括在內。保羅也許認為：既然外邦信徒免受割禮，其餘的「律法之工」當然也沒有需要遵從。因此雙方在安提阿之同桌聚餐產生衝突：保羅假設基督信徒，無論是猶太人或外邦人，都不需要嚴格遵守猶太食物潔淨條例了；但那些激進的「雅各派」卻認為，他們必須仍然嚴格遵從猶太宗教的傳統和文化。在他們眼中，彼得和其餘的猶太基督徒之「開明行為」顯然不當。

安提阿事件的主要人物[31]

開明自由立場	中間派：溫和路線	保守激進立場
保羅	←彼得：搖擺不定→	「割禮派」
		「雅各派」
外邦基督徒	猶太基督徒	
巴拿巴→		「猶太假師傅」／敵對者

當保羅很強烈的當眾責備彼得時（加二 14），其他保守的猶太基督徒可能很詫異保羅的推論，並且考慮重新鑒定耶京會議對於外邦信徒免受割禮的共識。多元種族的教會如何處理多元文化的問題呢？若以保守猶太基督徒的角度來看，外邦信徒全盤接納猶太宗教和文化也許是保持合一（一致）的途徑。以安提阿事件為例，如果外邦信徒皆遵從猶太傳統之食物潔淨條例，同桌聚餐是可能的。保羅卻認為，多元種族的教會之合一不是建立在同一文化上（無論是猶太文

31 McKnight, *Galatians*, p.105.

化或是外邦文化），而是建立在基督信仰、因信稱義和與主的聯合上。顯然他們的意見有別。還有可能是保羅當時在安提阿開始失勢，敵對者更進一步推行「猶太化」路線，堅持外邦信徒必須接受割禮，遵守摩西律法，並接納猶太文化和習俗。因此他們推動「割禮運動」，勸勉外邦信徒再進一步「靠肉身成全」（參加三 3）。

保羅絕對不能接納這路線，他也不願意加拉太信徒遠離基督的福音（加一 6），與基督隔絕，從恩典中墜落（加五 4），枉費了他在福音事工上的功夫（加四 11）。保羅對所有信仰基督者只有一個要求，那就是他們對基督的信心，無論是基督徒生命的起點（如何入門）或是基督徒生命的持續（如何持守）[32]。所以保羅爭辯亞伯拉罕的榜樣時，集中於他的「信心」，而不是他的「割禮」。故此，保羅堅決認為「那以信為本的人，就是亞伯拉罕的子孫」（加三 7）以及「那以信為本的人和有信心的亞伯拉罕一同得福」（加三 9）。在保羅的觀點中，那些有關末世性外邦信徒模棱兩可的舊約傳統已被闡明：外邦信徒不應該被游說效法猶太人之宗教生活行為，不必為了加入猶太信徒為主的群體而接受割禮。因為處境的迫切，保羅以懇切的語氣和口吻，寫了這書來回應加拉太教會的危機。

2.6. 保羅在加拉太書的回應

根據以上的討論，保羅的敵對者乃是一些由耶京下來的

32 見下文有關加拉太書二章 15~21 節的討論。

激進猶太基督徒，他們關心的是律法、猶太人的身分和猶太子民的卓越感。他們鼓吹割禮，勉強外邦信徒接受割禮，遵從摩西律法，並採納猶太化生活模式。相反的，保羅所關心的是外邦信徒在基督裏的平等地位。保羅跟他們的辯論乃是一場基督徒圈內論戰[33]。處理的問題不是如何得救（如何進入基督信仰團體），而是如何過基督徒生活（如何保存在基督信仰團體內）。外邦信徒除了認信耶穌基督之外，還需要加添甚麼嗎？基督徒的基本身分是甚麼？基督徒的行為又是以甚麼為準則和規範？猶太化生活形式可以接納嗎？在這封書信，保羅嘗試勸服加拉太信徒接受以基督和十字架為基本標志，以因信稱義為「進入」以及「維持」在恩典裏的途徑，並以聖靈引導和愛心為信仰生活、行事為人的規範。保羅堅持因信稱義（與神有正當的恩約關係）並非根據於遵守猶太律法，而是依賴神的應許，透過耶穌基督之死所完成（參加二 21，三 18、29）。因為「耶穌基督之信」（*Pistis Christou*；或「相信耶穌基督」；見加二 16），神已經把人類從現今的罪惡、世俗小學、靈界權柄的捆綁解放出來（加一 4，二 20~21，三 13~14、21~22，四 3~9，五 1）。基督的十字架乃一末世性事件，結束了舊世代，引進新世代和神的新創造（加六 14~15）。舊世代和新世代猶如兩個對立範疇[34]：

---

33 參 J. D. G. Dunn, "Echoes of Intra-Jewish Polemic in Paul's Letter to the Galatians", *JBL* 112 (1993), pp.459~477。

34 P. Perkins, *New Testament Introduction*, p.213; Lührmann, *Galatians*, p.98; cf. J. L. Martyn, "Apocalyptic Antinomies in Paul's Letter to the Galatians", *NTS* 31 (1985), pp.412~420; "The Apocalyptic Gospel in Galatians", *Interpretation* 54 (2000), pp.246~266.

舊時代（Old Age）	新時代（New Age）
律法之工	基督之信
向律法死	向神活
透過律法的義	基督之死的效果
肉體	聖靈
律法的咒詛	亞伯拉罕的祝福（應許）
被律法和世俗小學／靈界奴役	在基督裏自由
放縱自由，被私欲引誘	生發仁愛的信心

既然基督已經引進新世代，勉強外邦信徒接受猶太割禮便是回復到舊世代「得救道理未來之先」（加三 23~25），也使基督之死變成徒然的了（加二 21）。繼續強調「律法之工」（加二 16）作為恩約團契的記號，必然破壞基督之死所帶來的合一（加三 28）。故此保羅認為敵對者的福音其實不是福音（加一 7）。

根據保羅的釋經原則，律法和遵行律法的真正意義必需以一個嶄新的眼光來重新詮釋，絕對不可以要求外邦信徒接受猶太傳統和割禮（見加五 6、14、22~23，六 2、15）。而且在基督教會裏，「外邦人」與所有其他的猶太信徒一律是平等的（加三 26~29，六 15~16）。以保羅的看法，神子民的群體不再是以傳統的猶太人種族角度來界定，乃是以「基督」，那位為全人類受死復活的主，也就是所有信徒與他同釘十字架的基督（參加二 19~20）來界定的。「新造的人」／「新的創造」（加六 15）或是「神的以色列」（加六 16）[35] 包括了猶太信徒和外邦信徒，他們同在基督裏享有

35 我們認為保羅已經重新界定「神的以色列」的意義，它的重點和範圍已經重新劃分，包括一切在基督裏的猶太信徒和外邦信徒。

平等地位。任何人都可以藉著在基督裏，因著信成為「亞伯拉罕的子孫」（加三 7、16、29，四 22、30）。

在這書保羅的勸服策略包括三方面：（1）先建立加拉太信徒對他的信任，尤其是保羅本身的道德品行（*Ethos*），以致他們願意聽從勸告；（2）指出他們的錯誤，說明福音的真理（*Logos* 的需要），攻擊敵對者，從而盼望加拉太信徒會遠離他們；（3）進一步增進加拉太信徒與他的關係，特別回憶以往大家的親密關係（*Pathos* 的運用）。由此可見當中的三角關係：保羅—加拉太信徒—敵對者；保羅一方面拉近加拉太信徒與他的關係，同時間保羅攻擊敵對者，期望加拉太信徒疏遠他們，甚至趕逐他們[36]。

保羅的游說策略

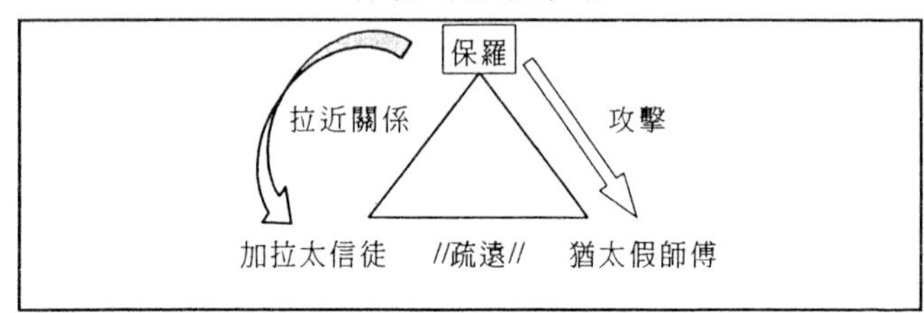

在這書，保羅除了需要得到加拉太信徒的信任，認清他使徒的職分和權柄（加一 13~二 14），講明基督福音的真理（加二 15~21，三 1~四 31）之外，他還需要回應加拉太信徒的實踐需要：如何應用福音的自由，具體的生活指引，而非

36　至於為何加拉太信徒容易受引誘，參 Barclay, *Obeying*, pp.56~60 和 Hansen, "Galatians", p.327 兩位作者都認為他們這群外邦初信者有身分危機，盼望借助「猶太」人的身分穩定下來，故此覺得敵對者之「猶太身分標志」很吸引。

空泛的理論，如跟隨聖靈而活的大原則（參加五 1~六 10 較詳細的指示）。

當保羅以這書來回應加拉太的危機時，顯然他借用了修辭學傳統和書信的格式來書寫。在大綱的分析中，我們需要雙管齊下，同時留意它的書信體裁和修辭論證，結合書信分析與修辭分析。同時我們必需承認，在研究保羅的論證思路方面，單以修辭分析是不夠完整的。如鄧雅各所說：「去爭論保羅書信是以甚麼修辭體裁，以示範式或評議式來寫成是徒然的，因為保羅的神學充滿活力，他並不會被固定的文法和書寫傳統所限制的。」[37] 雖然如此，根據我們的探討，以評議式論證類型的角度來理解保羅這信的勸說是合理的。基本考慮的原因包括：（1）加拉太書一章 13 節至二章 14 節（15 至 21 節）的「述說」也可以在評議式論證出現；（2）五章 1 節至六章 10 節的「勸勉」形式很難適合於法庭式辯證體裁，顯示這書的目的有「向前看」的意念，指示信徒有關未來的方向；（3）保羅用來自辯其品格可靠的敘述也可算是「敘述」的一部分，顯示他的品格可作為信徒的榜樣。故此我們大膽建議這書的大綱如下：

一 1~5　　開場白／引言

一 6~12　　引言：關鍵是保羅的福音

一 13~二 21　　敘述：保羅欲建立其道德品格的可信任度（品格）

（1）保羅認識主耶穌基督前：逼迫者（一 13~14）

（2）保羅與主相遇：蒙召傳揚福音（一 15~17）

（3）信主後首次上耶京：與彼得相見（一 18~20）

37　見 Dunn, *Theology*, p.12。

(4) 在敘利亞和基利家一帶傳揚真道(一 21~24)
(5) 14年後再上耶京:「耶京會議」(二 1~10)
(6) 在安提阿的同桌聚餐和爭論(二 11~14)
(7) 保羅對彼得和猶太基督徒的「辯辭」重述(二 15~21)

三 1~四 31　重申:7項神學論證說明或辯證(理智)
(1) 基於加拉太信徒的經驗:靈恩體驗(三 1~5)[／情感]
(2) 基於聖經:「亞伯拉罕」及律法咒詛(三 6~14)
(3) 基於救恩歷史:律法和基督的關係(三 15~25)
(4) 基於洗禮的意義:「在基督裏」的福分(三 26~29)
(5) 基於律法和基督的關係:神兒女的本質(四 1~7)
(6) 基於彼此關係的請求(四 8~20)[／情感]
(7) 誰是亞伯拉罕的真正兒女(四 21~31)[／情感]

五 1~六 10　勸告
(1) 肯定和呼籲:在基督裏的真自由(五 1~6)
(2) 再次警告:提防敵對者(五 7~12)
(3) 實際指導:在聖靈裏真自由的生活(五 13~六 10)[／理智]
愛人如己(五 13~15)
順從聖靈(五 16~24)
彼此相顧(五 25~六 10)

六 11~18　結論／書信結尾(情感)

第三章

保羅的游說

3.1. 開場白／引言（一 1~5）

一 1　　作者：使徒保羅

「不是由於人」、「也不是藉著人」、「乃是藉著耶穌基督，與叫他從死裏復活的父神」

一 2 上　　合著者：一些弟兄

一 2 下　　收信者：加拉太的各教會

一 3　　問安：恩惠、平安

一 4　　基督論插句：=>目的

「照父神的旨意，為我們的罪捨己」、「拯救人脫離這罪惡的世代」、「從死裏復活」

一 5　　頌讚

一般書信開場白的格式包括「作者、讀者和問安」（如徒十五 23，二十三 26；雅一 1），只是保羅經常加上一些基督教色彩。按慣例本信作者表明自己為使徒保羅（一 1 上），收信者為「加拉太的各教會」（一 2 下）[1]，問安語是「願恩惠、平安從父神與我們的主耶穌基督歸與你們！」（一 3）。「恩惠」（χάρις）和「平安」（εἰρήνη；*shalom*）代表了希臘人和猶太人的問安傳統，而非「因為恩惠而有平安的果

1　「教會」（ἐκκλησία）：原來的意義是社團，可以是政治性和商業性的（見 LSJ）；在《七十士譯本》（LXX）裏的翻譯為神子民的團體（如申二十三 1~2；士二十 2；代上二十八 8；彌二 5）；在新約聖經裏，它是特有名詞，指基督教運動的團體。

效」[2]。在這開場白，我們至少觀察到 3 方面不尋常現象：

1. 保羅特別闡明他本身的使徒身分：「不是由於人，也不是藉著人，乃是藉著耶穌基督，與叫他從死裏復活的父神」（一 1 下）；
2. 基督論的插句：「基督照我們父神的旨意，為我們的罪捨己，要救我們脫離這罪惡的世代」（一 4）；
3. 對神的頌讚：「但願榮耀歸於神，直到永永遠遠。阿們！」（一 5）

這種不尋常的加添和變化不是沒有意義的；它正代表作者保羅所要強調的部分。我們要特別留意一章 1 節使徒的身分和 4 節對基督論的描寫。

當保羅自稱為「使徒」時，他顯然不是主耶穌在世時所選召的十二門徒之一（太十 2；可三 14，另參六 30）。保羅之使徒身分乃是直接根源於耶穌基督和父神，跟人完全沒有關係：留意οὐκ...οὐδέ...ἀλλά...（不是……也不是……乃是）的加強作用（參加一 1、11~12）。這「使徒」的觀念有舊約和猶太制度「沙利亞」的影響，基本意義是「被差遣者」，他是差遣者的法定代表，帶著所賦予他的權柄去執行任務。在新約裏，使徒的職分當然是被差遣，給予權柄去宣告耶穌基督的福音，他的受死、復活和新生命的應許（參徒一 15~26；林前十五 7~11）。保羅如今宣稱他也是特別蒙父神呼召差遣，作耶穌基督「外邦人的使徒」（加二 7~9；羅一 5，十一 13，十五 15~16；弗三 1~13；參林前九 1~2，十五

---

2 參 Dunn, *Galatians*, pp.31~32; *TDNT* 2.400~420; Schreiner, *Interpreting*, p.27; 對比 Matera, *Galatians*, p.42; 周聯華：《加拉太書．以弗所書》，頁 23。

8~10；加四 14）。保羅如此強烈的宣稱，可能是為了擺脫昔日他曾經是「安提阿教會的使徒」之身分（徒十三 1~3，十四 4、14）。無論如何，他現在的自我認識乃是「耶穌基督的使徒」，從神受權而已；他在一章 11 節至二章 14 節逐步發揮。

第二方面是保羅在一章 1 節下和一章 4 節有關基督的描寫：「照父神的旨意，為我們的罪捨己」、「拯救人脫離這罪惡的世代」和「從死裏復活」。保羅在此特別強調基督的捨己、復活和救贖。這些概念是以救恩歷史為框框，加上天啟末世論的特性。他把焦點放在「這罪惡的世代」，提醒有關基督的救贖將帶來一個嶄新的世代，是按神的應許所成就的。在猶太救恩歷史觀念裏，歷史時空分成兩個段落：「舊／現今世代」和「新／將來的世代」，以彌賽亞的來臨為分界。在彌賽亞的時代裏，神的權能和公義將會彰顯（見賽六十 1~22，六十五 17~25；以斯得拉二書 7.50；以諾一書 91.15~17）。

猶太末世觀：「末日」／「那一日」

舊／現今世代（撒但的時代）	新／將來的世代（神掌權的時代）
特徵：	特徵：
罪惡滿盈	聖靈臨在
病痛	公義彰顯
被鬼附	健康，沒有病痛
惡人得勢	平安、太平

早期教會深信神所應許的彌賽亞耶穌基督已經來臨，神賜福和審判的「那日」也已臨到，救恩歷史也就進入另一階

段了（見加六 15；林前十五 23）。根據彌科司，這種「末世性意念」包含以下特色[3]：

1. 神的奧祕已經向作者或先知啟示；
2. 這關乎宇宙性改變的奧祕將要發生；時間已經適向歷史終局高峰，「現今世代」和「將來世代」的分界；
3. 「那日」的主要事件是審判：世界次序被糾正，惡人被分離去面對審判，義人得享賞賜；
4. 故此整個世界觀是以三重二元性來理解：
   a. 宇宙二元性：天和地；
   b. 時間二元性：現今世代和將來世代；
   c. 社會二元性：光明之子和黑暗之子，公義之子和不義之子，特選之民和普遍世人。

對保羅而言，耶穌基督的受死和復活乃是「新時代」來臨的記號，神主權介入人間歷史，帶來巨變，是使人脫離罪惡捆綁的明證（參加六 14~15；羅十二 2；林前七 31，十 11）。當彌賽亞耶穌基督來臨時，這預言盼望的「那一日」就開始實現在人間，只是還沒有完全臨到而已。教會也就在這個救恩新時代中等待神末世性大日子的來臨，特別是以主耶穌基督的再來為記號。那一日，神將救恩歷史帶至高峰：惡被除滅；神的平安、公義和慈愛得以完全彰顯[4]。故此，新約的末

---

3 W. Meeks, "Social Functions of Apocalyptic Language in Pauline Christianity," in *Apocalypticism in the Mediterranean World and the New East*, pp.687~705, here p.689.

4 J. C. Beker, *Paul the Apostle: The Triumph of God in Life and Thought*, p.160，作者強調保羅末世性神學有「雙重要點」: With the

世觀是帶有張力的「已然和未然」[5]。

新約末世觀：「末日」／「那一日」

舊／現今世代	新／將來的世代	完全實現
	*主耶穌基督的死和復活	*主再來
	已然	未然
	義的彰顯……………	完全公義的彰顯
	平安恩典……………	完全平安的實現
	健康，復原…………	不再有病痛和死亡
	聖靈來臨與同在……	與主面對面，完全同在

在保羅思想裏，耶穌基督的來臨是整個救恩歷史的轉折點。一方面，新時代仍然繼續延續救恩歷史的進程（特別留意加三 13~14，四 4~5；羅十五 8~9；林後一 20）；另一方面，新時代卻是與舊時代有所間斷的。延續性的一面是救恩歷史；間斷性的那一面是天啟末世論的層面。保羅的思想包含這兩個層面[6]。故此，保羅在本信非常強調「基督」的關鍵性（加二 19~20，三 13~14、26~29，四 4~7，六 14）。在新

Christ-event, history has become an ellipse with two foci: the Christ-event and the Parousia, or the day of God's final victory。

5 Dunn, *Theology*, pp.466~472.

6 有關保羅思想的救恩歷史觀與天啟末世論的關係，見 Dunn, *Galatians*, p.29; Barclay, *Obeying*, pp.96~105; Longenecker, *Triumph*, pp.5~23, 89~95, 174~179。有關這課題的不同見解和辯論，參 R. Scroggs, "Salvation History", in *Pauline Theology, volume 1*, pp.212~226; J. L. Martyn, "Events in Galatian: Modified Covenantal Nomism versus God's Invasion of the Cosmos in the Singular Gospel: A Response to J. D. G. Dunn and B. R. Gaventa", in *Pauline Theology, volume 1*, pp.160~179 持相反立場。K. Kuula, *The Law, the Covenant and God's Plan*, vol. 1, *Paul's Polemical Treatment of the Law in Galatians* 跟隨其師 H. Räisänen 完全否定救恩歷史延續性。

約時代裏，神子民的身分和行為樣式在某方面是延續舊約的（如獨一神的信念），但同時卻是新的開始，某些舊時代的觀念和傳統已經不適宜在這新世代的多元教會團體繼承及沿用（例如以色列子民割禮的記號已經被聖靈所取代了；參羅十二 1~十五 13，保羅如何重新界定新子民的生活樣式）[7]。

3.2. 引言：表明目的（一 6~12）

一 6~7　驚訝希奇：加拉太信徒信心動搖

1 這麼快離開主，去從別的「福音」（一 6）

2 其實那並非福音（一 7 上）

3 「攪擾者」（一 7 下）

一 8~9　雙重咒詛：傳假福音者

1 若與我們所傳揚的不同（一 8）

2 若與你們所領受的不同（一 9）

一 10　反駁問號：保羅的做人原則

1 要得人的心？得神的心？（一 10 上）

2 討人的喜歡？神的僕人？（一 10 下）

一 11~12　主題聲明：基督的福音

1 福音

2 耶穌基督的啟示

在開場白（加一 1~5）結束之後，保羅就進入辯辭引言的部分（加一 6~12），接下來他就按歷史順序的方式來敘述

7　參 Dunn, *Romans*, pp.705~853: "The outworking of the gospel for the redefined people of God in everyday terms"。

他的生平、神的呼召，以及他傳揚基督福音的主要事件（一 13~二 14）。按慣例保羅會在問安語後為收信者向神獻上感謝（如帖前一 2~10；帖後一 3~10；林前一 4~8；羅一 8 等），他也經常為讀者或收信者再加上一些描述（參帖前一 1；帖後一 1；林前一 2；羅一 7 等），但是在這書卻都沒有感謝或額外的描述。因意識到加拉太教會所面臨的危機緊迫，在非常急迫的心情下，他省略慣常的「感恩」話語，取而代之的是責備，直截了當以「希奇」（θαυμάζω；一 6 上）開始，一個不滿意和驚訝的表達[8]，表示他的失望和忿怒。保羅似乎難以找到加拉太信徒的任何好處，值得為之感謝神[9]。

按修辭傳統，作者會簡略地列出關鍵事件來。首先，加拉太信徒竟然這麼快便失掉信心，背棄原先信仰基督的福音，去從別的虛假「福音」（加一 6~7；保羅採用了逃兵、背道和政治叛變的用語）。保羅的語氣很激動和緊急，因為加拉太信徒的行動正是離棄恩召他們的神[10]，去歸向一個別的所謂福音：保羅先指他們已經背棄了身為基督徒的呼召，後指他們倒向一個被歪曲了的福音，其實「那並不是福音」，而是敵對者的假教訓。保羅所針對的不是「以另一方法傳揚的福音」，而是他們企圖顛倒、歪曲的「另一個不同類福

---

8 Longenecker, *Galatians*, p.14 將這個詞語「我很希奇」視為 “astonishment-rebuke” 的方程式來看待。Conzelmann & Lindemann, *Interpreting*, p.169: critical-polemical。

9 馮蔭坤：《真理與自由》，頁 15；Dunn, *Galatians*, p.39。

10 通常「恩召者」指神。（見加一 15；羅四 17，八 30，九 24；林前一 9，七 17；帖前二 12，五 24）

音」[11]。那真正的福音乃是「我們從前所傳給你們的福音」（加一 8），亦就是「你們從前所領受的福音」（加一 9；另參加三 1；林前二 1~5，十五 1~5）。若接受敵對者的教訓，「你們這要靠律法稱義的，是與基督隔絕，從恩典中墜落了」（加五 4）。

其次，加拉太信徒竟然誤信「假教師」，傾向接受他們的假福音。他們的問題不單是信心軟弱，還有外來的因素。就這方面，保羅毫不客氣進而嚴肅的宣告：敵對者「該受咒詛」（ἀνάθεμα；加一 8~9）。他們公然反對保羅的福音，四處尋訪保羅的教會，傳講猶太律法之工，煽動外邦信徒接受猶太割禮，過猶太化生活（參上文 2.4）。保羅指控他們不但把基督的福音更改，而且更是歪曲了，使之成為剛好相反的東西。任何人所傳的與使徒原來所傳的不同，他就是「該受咒詛」的，即使是天上來的使者，如果所傳的不同，也應當被咒詛。他們所傳的根本不是「福」音，而是「禍」音。「該受咒詛」的意思不是革除他的會籍，而是把他交付神，讓他被神審判的烈怒毀滅（見出三十二 32；民二十一 3；申七 26；羅九 3；林前十二 3，十六 22）[12]。

再其次，保羅非常生氣，因為在加拉太教會中，竟然散布著一些攻擊他、反對他的事工的話，其中還有一些是懷疑他人格的。他們可能指控保羅在順著人意的時候傳講割禮，以得人的支持（參加五 11；對照帖前二 4；林後五 11）。保羅以 3 個「反駁問號」來回應（加一 10）。他要申訴其身為

---

11 見周聯華：《加拉太書．以弗所書》，頁 29, 34~35。

12 見馮蔭坤：《真理與自由》，頁 24；Dunn, *Galatians*, p.45; BAGD 54。

使徒的做人原則，堅決否認他有其他不是討神喜悅的動機。他 3 次提到「得人的心」或「討人的喜歡」，反映出他要反駁那些帶給加拉太教會麻煩並且特別針對他的誹謗者[13]。既然這些敵對者質疑保羅的動機和心態，他當然要為自己辯護，聲稱自己的心，不是要得人的歡心，而是要作忠心的「基督的僕人」（加一 10 下；參羅一 1；腓一 1），因此，在福音的事上採取了那種毫不妥協的態度和嚴辭指責的做法。「討人喜歡」和作「基督的僕人」是兩件互不相容的事（參弗六 6；西三 22），此二者是無法並合的[14]。在那種嚴重緊急的情況下，他似乎難以找到讀者的任何好處，值得為之感謝神。因此緊接著「問安」之後，他便開宗明義地對加拉太信徒受誘惑去跟從「假福音」的事提出嚴厲的控訴[15]。

在一般的辯辭裏，講者都會把主題扼要清楚提出來。嚴格來說，加拉太書一章 11 至 12 節是相當獨立的，它可以連接一章 6 至 10 節而成為「引言」的一部分，也可以是一章 13 節以後的引句。基本上，它的功用是承先啟後的[16]。根據修辭學傳統，保羅在一章 11 節引用了自我顯示的方程式：「我告訴你們」（γνωρίζω ὅτι；有「鄭重聲明」的意思）來介紹主要的問題，引進這書辯論的主幹[17]。在此，保羅提出「基

13 Dunn, *Galatians*, p.49; 馮蔭坤：《真理與自由》，頁 24。

14 見 B. J. Dodd, "Christ's Slave, People Pleasers and Galatians 1.10", *NTS* 42 (1996), pp.90~104。

15 見馮蔭坤：《真理與自由》，頁 15；Dunn, *Galatians*, p.39。

16 見 Betz, *Galatians*, p.46; White, "Introductory Formulae"。

17 Silva, *Explorations*, pp.152, 172.

督福音」的題旨來，以顯示它是加拉太教會危機中一個主要的課題[18]。保羅宣告有關他所傳揚的福音來源；他再次引用「不是……，不是……，乃是……」的格式來強調（對照加一 1）。首先，他強調他素來所傳的福音與任何人都絕無任何關係：「不是出於人的意思；因為我不是從人領受的，也不是人教導我的」（加一 11 下~12 上）。其次，他宣稱他所傳的福音「乃是從耶穌基督啟示來的」（加一 12 下；參帖前二 13）。

「耶穌基督的啟示」（ἀποκαλύψεως Ἰησοῦ Χριστοῦ；加一 12 下）到底是指：從基督那裏來的啟示？是有關於耶穌基督的啟示？還是包含了二者，啟示從基督而來又是關於耶穌基督？

根據下文一章 15 至 16 節的描寫，以上的第二個解釋來得比較合理：耶穌基督乃是神所啟示的內容，也就是整個福音的中心[19]。「啟示」（ἀποκάλυψις）是一個保羅特有的用詞，它表示從天上而來有權威性的顯明（參林前十四 6、26；林後十二 1、7；加二 2），通常含有末世性的意念，如提到基督的來臨、救恩的完成，以及末日的審判（羅二 5，八 19；林前一 7；帖後一 7）。「啟示」意味神對宇宙萬物的旨意和計劃，原來隱藏著的祕密，如今在基督裏揭露出來（參羅一 17，十六 25；林前二 10；弗三 3、5）[20]。

18 見 Kok, *Truth*, p.58。

19 馮蔭坤：《真理與自由》，頁 31~32。

20 參見 J. I. Packer:「啟示」（Revelation），《聖經新辭典》（下），頁 485~488。

在這段引言的部分裏（加一 6~12），保羅顯然很強調「福音」這個詞：名詞εὐαγγέλιον出現了 3 次（一 6、7、11；參二 2、5、7、14）；動詞εὐαγγελίζω用了 4 次（兩次在一 8，另兩次分別在一 9、11；參一 16，二 23，四 13）[21]。對保羅來說，福音只有一個，就是「我們所傳給你們的」福音，其他講解的福音若與這個不同，就應當被咒詛！這是保羅非常強調的重點。所以當加拉太信徒這麼快就離棄神，並且轉向了「別的福音」，保羅就按捺不住心中的震驚和惱怒。他震驚（也許帶有一點失望）是因為他們的信心那麼容易被搖動，惱怒是因為他的使徒身分和福音的本質竟然被質疑和歪曲了。因為這樣，保羅要嚴厲的指控那些把基督福音更改的誹謗者。從保羅的角度來看，其「使徒的身分」和「福音的真理」同是來自神的，與任何世人都沒有關係（加一 1、11~12），這也就是他接下來在一章 13 至二章 14 節所要澄清的。

---

21 「福音」的根源取自舊約（見賽四十 9，四十二 7，五十二 7，六十一 1；詩九十五 1；拿一 15）。當保羅論及「福音」的時候，重點是神在基督裏所成就的救贖事工，有關耶穌基督的死和復活（Matera, *Galatians*, pp.45~46）。在保羅書信中，有時簡單稱之為「福音」（羅十 16，十一 28；林前四 15，九 14、18）；有時則稱為「神的福音」（羅一 1~3，十五 16；林後十一 7；帖前二 2、8~9；參提前一 11），說明神是福音的根源；有時則稱為「基督的福音」（羅十五 19；林前九 12；林後二 12，四 4，九 13，十 14；腓一 27；帖前三 2；參帖後一 8）或「他兒子的福音」（羅一 9），強調基督為福音的內容。另外，保羅也有提及「我的福音」（羅二 16，十六 25）或「我們的福音」（林後四 3）。

3.3. 敘述：保羅欲建立其道德品格的可信任度（一 13~二 21）

從一章 13 節至二章 21 節開始，保羅詳細而有系統地逐步為他所傳的福音和他的使徒職分辯護。兩者是一體的兩面，同時受到敵對者的攻擊。「保羅建立自己的使徒身分，為的是所傳的福音，如果他的『人』不可靠，他的福音也會跟著蒙受損失。[22]」他們也許藉著抨擊保羅的使徒身分和權柄，以削弱他所傳於外邦人得自由的福音的可靠性。里昂按照希臘羅馬修辭學傳統對「自傳」的功用，認為保羅並沒有對抗敵對者，他只是借助自傳來勸勉信徒，應該如何效法他的行事為人。

雖然對於過分強調敵對者為解釋的途徑不是很恰當，但完全否定加拉太教會敵對者的存在同樣是很難成立的。按筆者的意見，有幾個線索可幫助分析此「敘述」辯辭：

1. 連接詞「以後」（ἔπειτα）在 3 處出現是個好提示：在一章 18 節的「過了三年」、一章 21 節的「以後」和二章 1 節的「過了十四年」。
2. 地點的轉換也是一個指標：大馬士革（一 17）、耶京（一 18）、敘利亞和基利家（一 21）、耶京（二 1）、安提阿（二 11）
3. 保羅提及的主要事件和人物也是明顯的：認識主前猶太教法利賽主義者的生活行為（一 13~14）、信主蒙召後的生活和事工（一 15~17）、上耶京與使徒彼得相見（一 18）、在敘利亞和基利家一帶傳揚真道（一 21）、再上

22 周聯華：《加拉太書．以弗所書》，頁 13。

耶京參與耶京會議辯論外邦信徒受割禮的問題（二1~10）、在安提阿的同桌聚餐所引起的衝突（二 11~14），和保羅對彼得和猶太基督徒的「辯辭」重述（二 15~21）。若把這些線索連接起來，我們大概可分成以下 7 個段落：

一 13~14	保羅認識主耶穌基督前：逼迫者
一 15~17	保羅與主相遇：蒙召傳揚福音
一 18~20	信主後首次上耶京：與彼得相見
一 21~24	在敘利亞和基利家一帶傳揚真道
二 1~10	十四年後再上耶京：「耶京會議」
二 11~14	在安提阿的同桌團契和衝突
二 15~21	保羅對彼得和猶太基督徒的「辯辭」重述

如里昂所說，在一章 13 至 17 節保羅特別強調其品格的可信任度：如何認識耶穌基督，為何成為福音的使者；接下來在一章 18 至二章 10 節中，保羅注重自己的行事為人，尤其是他跟使徒彼得和猶太基督徒的關係，得到他們的信任和認同。然後在二章 11 至 21 節，他進一步表明立場，他跟彼得的關係不只是平等，在「福音的真理」的大前提下，他會直接坦然無懼譴責對方，顯示他的獨立性。保羅跟耶京教會的關係漸有轉變。在此，保羅要澄清的是：他的使徒職分是獨立的，直接由神而來；他所傳揚的福音，是來自神有關耶穌基督的啟示，從來沒有人質疑過他所持守的福音真理和態度，他是始終如一的。故此，加拉太的信徒當然應該聽從他。

1. 保羅認識主耶穌基督前：逼迫者（一 13~14）

加拉太信徒對他的認識（一 13 上）

保羅從前迫害教會的事（一 13 下）

當年在猶太教的狂熱（一 14）

保羅為了澄清自己的使徒身分和權柄，以及所傳講的福音是來自神而不是世人，他透過生平的幾個主要段落和事件來說明。首先，保羅提出他認識耶穌基督前後的強烈對比：在大馬士革與復活主相遇前他是教會的逼迫者（一 13~14），之後他怎樣立刻成為基督福音的傳揚者（一 15~17）。

保羅對他當年認識基督前的生命作了一簡單的介紹。其次，他生命劇變的來龍去脈和背景也值得我們留意。根據一章 13 至 14 節，保羅描述他早期的行事為人（ἀναστροφή）：其為人作風、行為、人生觀和人生途徑，在猶太教中是個極端的宗教狂熱分子：為了祖宗的遺傳，他極力逼迫殘害神的教會（參一 23；林前十五 9；腓三 4~6；提前一 12~14；徒八 3，九 1~2，二十二 3~5，二十六 9~11）。根據使徒行傳二十二章 3 節（另參五 34~39），他受教於猶太學者希列的得意弟子迦瑪列名師之下。他也自認為是優秀的學生，通曉猶太律法和傳統，並且非常熱心遵守，甚至是狂熱的（參腓三 6；徒二十六 4~5）[23]。保羅採用「猶太教」（Ἰουδαϊσμός；在新約聖經中，它只在此出現一次）這個用詞十分重要，它暗示著一些分別外邦人與猶太人的習俗[24]。在還沒有遇見轉化其生命的基督前，他的狂熱是為了保全以色列人的貞潔和優越性，為了捍衛猶太教與外邦宗教和文化之間的邊界或籬笆。當時他為祖宗的遺傳非常狂熱和執著，並且逼迫追殺信

23　見 Dunn, *Partings*, pp.120~121。

24　Räisänen, *Jesus*, p.23；參 M. Hengel, *Judaism and Hellenism*, pp.1~2; Dunn, *Partings*, pp.22, 145; *Theology*, pp.347~349, 357, 507~508。

仰基督者，企圖徹底毀滅神的教會。「神的教會」（一 13）是指由信仰耶穌為彌賽亞的門徒所組成的整體，這普世性的教會整體在各地則由不同地方的當地教會所代表。因此，當保羅逼迫猶太境內（參一 22~23）及猶太之外（參徒二十六 11）的眾教會時，他就是在逼迫這些信徒團體所代表的「神的教會」[25]。所謂「祖宗的遺傳」（一 14 下）所指的可能不僅是一般的猶太傳統，而是保羅所屬的法利賽派（參腓三 5）那些特別的先祖傳統，包括了由前代相傳下來的口傳律法（參可七 3、5、8~9、13；太十五 2~3、6）[26]。但是，那特別向外邦人宣教的呼召卻臨到他，引領他走上一條嶄新的道路，專門向那些以前被他當作「局外人、客旅和異族」的外邦人傳揚福音（參弗二 12）。可以想像的是，保羅「皈依了」那以往他極力反對的信念，並不可能是被人慢慢引導帶領入教的。

保羅迫害基督教會的原因和背景，包括在神學上耶穌是基督（彌賽亞）的問題，因為基督徒宣稱被釘十字架的耶穌是基督，這也觸及宗教社會文化方面的敏感之處。基督論的問題是：傳統猶太人一向認為，一個被釘十架的彌賽亞，不僅對他心中向彌賽亞所存的那個國族性和政治性的盼望是一種侮辱，同時也是一種不能理解的荒唐之說（參加三 13；太二十七 42；路二十四 20~21；約十二 34）。彌賽亞幾乎可定義為一個特別蒙神恩寵的人（參撒下七章；賽十一 1~5，

25 馮蔭坤：《真理與自由》，頁 35~36。Hengel and Schwemer, *Paul*, p.37; Jervis, *Galatians*, p.45 認為它們主要是在耶京的教會。

26 馮蔭坤：《真理與自由》，頁 36。口傳律法所制訂的 613 項規條，其中 248 項為正面的命令，365 項為反面的禁令。

十六 5，四十二 1~4，四十九 1~6，五十 4~9，五十二 13~五十三 12；耶二十三 5~6，三十 9，三十三 15~22；結三十四 23~24，三十七 24~25；但七 13~14，九 25~26；何三 5；亞十二 7~十三 1；詩二，四十五，一一〇；兩約之間的文獻，如《所羅門詩篇》17.36，18.8；《以諾一書》48.10，52.4；1QS 9.10~11；CD 12.22~23）[27]。一個被掛在木頭上的人，按照律法所說，是被神所咒詛的（參申二十一 23）[28]。因此耶穌之死成了保羅的絆腳石的原因，主要不是在死的本身，而是耶穌赴死的方式；死在十字架上造成了絆腳石（參林前一 18~25）。

宗教社會文化方面的原因是，按照保羅嚴格的法利賽主義的標準和思想，任何危害到猶太人的身分特徵和傳統都是無法忍受的。為了保存猶太宗教社會的純潔，他無法容忍司提反及「講希臘話的猶太人」的「出位」開明路線（見徒六至八章）。他們那種比較開明地與外人交往的方式，對激進的保羅來說，猶太特徵會漸漸被沖淡和妥協。因此保羅作出強烈的反應，好像要做民族文化英雄一般來保衛傳統，進而迫害那些基督徒，鏟除教會（參徒八 3，九 1~6，二十二 4~5，二十六 9~11）。然而，他的生命並沒有停在那裏。接下來，他描寫那 180 度的轉變。他生命有如此巨大的改變，只有神恩典的干預才能解釋。

---

27 舊約彌賽亞觀，見 J. L. McKenzie, "Aspects of Old Testament Thought", *NJBC* (1990), 77：152~163; J. A. Motyer: 「彌賽亞」（Messiah），《聖經新辭典》（下），頁 149~156，周永健:〈舊約彌賽亞的預言〉，《承先啟後的事奉》，頁 233~250。

28 見馮蔭坤：《真理與自由》，頁 38。

2. 保羅與主相遇：蒙召傳揚福音（一 15~17）

蒙父神的揀選分別出來（一 15 上）

蒙召經驗：與主相遇，被差遣（一 15 下至 16 上）

蒙召後立刻（εὐθέως）在阿拉伯一帶傳揚福音（一 16 下至 17）

在保羅的思想中，「大馬士革事件」的經歷標記了一個新轉向的開始：他從一個逼迫基督徒和教會的人變成一個傳揚基督福音的人（一 13~17；參林前十五 9）。從那刻起，保羅認識到他自己是「奉召為使徒，特派傳神的福音」（羅一 1；參林前九 1~2，十五 8~9）。特別要留意的是，保羅在一章 15 至 16 節上把與主相遇的經驗集中描寫為蒙召為使徒的經驗：他出生之前便蒙神呼召，類似先知以賽亞和耶利米的經驗，指示作外邦人的先知（參賽四十九 1~6；耶一 5）。保羅用這些聖經的詞句來形容他自己的經歷，一方面說明了神對他個人的呼召，同時也表示他的事奉跟以賽亞和耶利米先知是連成一體的，並且更進一步達到最高峰，是神更新拯救外族人的旨意（參見徒十三 47：「我已經立你作外邦人的光，叫你施行救恩，直到地極」）。

其次，這是神對他的「啟示」（ἀποκαλύπτω；一 16 上）。這動詞含有「使領受者明白和了解所揭露之事」的意思。保羅從顯現的基督獲得內在的、屬靈的領會，極可能指他遇見復活的基督後，接受水禮前的 3 天內的體會，他肉眼所看見和心中的領會同時是神對他啟示的一部分[29]。在此亮光中，

29 Bruce, *Galatians*, p.93；馮蔭坤：《真理與自由》，頁 54；參林前九 1，十五 8。Jervis, *Galatians*, p.45 認為重點是「向我啟示」(in me =to me)。

保羅醒悟到拿撒勒人耶穌就是歷代以來所盼望的彌賽亞：「神使那無罪的，替我們成為罪，好叫我們在他裏面成為神的義」（林後五 21）；「神就差遣自己的兒子，成為罪身的形狀，作了贖罪祭，在肉體中定了罪案，使律法的義成就在我們這不隨從肉體、只隨從聖靈的人身上」（羅八 3~4）。耶穌基督的來臨已經引進救恩新時代（加三 23~25，四 4~7）：「舊事已過，都變成新的了」（林後五 17）；十字架的咒詛已因基督的死被消除（參見加三 10~14）。由此可見，保羅價值觀上的典範轉移（參腓三 7~11）：從以律法為主到以基督為中心；從誇耀自己的義到神在基督裏的義；從迫害者到甘心樂意為主受苦。

保羅提出，神將他兒子啟示他之目的乃是「叫我把他傳在外邦人中」。換言之，保羅歸信基督和蒙召為使徒的經驗是同時發生的。他蒙召是特地向外邦人傳講福音，要作「外邦人的使徒」（羅一 5，十一 13，十五 15~16；帖前二 16；西一 24~29；弗三 8；提前二 7；提後四 17；另參徒九 15，二十二 14~15，二十六 17~18）。這專門向外邦人宣教的神聖使命，對於保羅在外邦人中工作的委身、對他成為外邦人使徒的自我了解，以及他對猶太律法（妥拉）的理解與詮釋的影響深遠。保羅對妥拉的理解，特別是亞伯拉罕的例子和對外邦信徒所要求的割禮，顯然跟那些猶太敵對者有很大的差異。保羅是以基督的角度來重新界定「遵行律法」的意義，對聖經的傳統仍然忠心，但卻強調外邦信徒不必遵守猶太割禮。

另一重要的提示是保羅提到蒙召後即時的反應（一 16下~17）：他蒙神啟示呼召後，並沒有與任何「屬血氣的人」

商量，也沒有上耶京去見那些比他先作使徒的人，反而是立刻去了阿拉伯，然後再回到大馬士革。這兩個消極的「不」顯示保羅沒有和他們發生組織上或系統上的關係。積極方面，保羅去了阿拉伯 3 年。根據布魯斯所指，當時的阿拉伯乃是約旦河東、大馬士革以南附近的一個拿巴提王國[30]。保羅在阿拉伯做甚麼呢？傳統意見常說保羅獨自到阿拉伯沙漠一個安靜的地方靜思默想，祈禱讀經，為要獲得更多的啟示[31]。但是根據一章 16 節下之副詞「立刻」（εὐθεως），保羅應該是往那裏一帶進行宣教事工[32]，以致後來在猶太地區的猶太基督徒都認識他（一 21~24；參徒九 19~22）[33]。然而，我們不可否定保羅在大馬士革事件後需要整理或反省其經驗，如近代一些學者所謂的悔改後思想重整[34]。以筆者看來，保羅必然已經開始了傳道事工，在猶太人的會堂裏宣揚耶穌

---

30 Bruce, *Galatians*, pp.95~96.

31 周聯華:《加拉太書．以弗所書》，頁 48。

32 見馮蔭坤:《真理與自由》，頁 63~68；Fung, *Galatians*, pp.68~69。

33 根據使徒行傳九章 19 至 20 節，保羅似乎在受洗後和大馬士革的信徒住了些日子，「隨後」在各會堂傳講主耶穌，並沒有提及他往阿拉伯去。加拉太書一章 17 節和使徒行傳九章 19 至 20 節極有可能是指同一個時期，（1）使徒行傳的作者在此所關注的不是年表，而是要記錄一件事實，就是保羅往耶京之前，有一段時間在大馬士革的會堂裏證道；（2）對保羅在加拉太來說，那 3 年的細節有關乎生死的重要性，尤其是在「假教師」的攻擊之下。假設以加拉太書的次序為準，保羅在與主相遇後的第三年從大馬士革上耶京，可見他在阿拉伯及在大馬士革居留的時間約共 2 至 3 年，但其中有多少時間是在阿拉伯則無法從這段經文來斷定。見馮蔭坤:《真理與自由》，頁 64~65；周聯華:，頁 51~52。

34 如 J. G. Gager, "Some Notes on Paul's Conversion", *NTS* 27（1981）, pp.697~704; Longenecker, *Galatians*, p.34; Taylor, *Paul*, pp.67~74。

是基督／彌賽亞，同時也不斷與神親近，重讀聖經（妥拉），以耶穌基督為神所恩賣的中心重新整理信仰的觀點。

神將復活的耶穌基督啟示給保羅看，乃是一件非常個人性的事件。保羅以他所見的事實的客觀性作為蒙召的保證，表示他深信兩件事：（1）他接觸了一位活著、被高舉的人物；（2）那人和被釘十字架的拿撒勒人耶穌是同一個人。對保羅而言，耶穌基督獲得宇宙之主的身分和權柄，是在他復活被高舉時。保羅從而認識耶穌基督的三重身分：他是彌賽亞、主和神的兒子[35]。

保羅的目的是甚麼？為甚麼強調認識耶穌為基督後「立刻」開始傳道事工？保羅特別強調其突然的轉變，從迫害教會到傳揚基督，全然是神的恩典作為；只因神的選召，他才成為基督的使徒，特別向外邦人傳揚福音的事工。當他領受了神的呼召時，他並沒有機會，也沒有打算上耶京去見任何比他先作使徒的人，而是宣揚基督的福音了。這顯示他使徒的身分和福音的內容都是在「大馬士革事件」與主相遇時領受的；他並不需要依賴任何「人」的肯定或差遣。

顯然，保羅很清楚地強調神在大馬士革路上的干預（基督的顯現），是他向外邦宣教使命信念的開始。只是有些學者傾向於把這神聖相遇之焦點放在別處，他們認為向外邦宣教的呼召，是明顯的或隱含的，還是一種第二層的思想，一種結果或者一種推論。譬如，有些學者爭論大馬士革路上的顯現之主要沖擊是基督論的意義。這相遇的主要目的和意義是保羅認識接受耶穌彌賽亞的身分——那被釘十字架的耶

35 馮蔭坤：《真理與自由》，頁 56。

穌就是那真正被期待的彌賽亞，並且透過這個基督論的事實帶來救恩的意義。但是，這基督論的轉變，「基督的受死」和「基督的被釘」如何引發保羅之外邦宣教使命的信念卻並不清楚，或者說，解釋得並不足夠。

所以，有些學者就改進這第一個觀點，他們爭辯說保羅對外邦人的宣教信念是從他得到救恩的經驗而來，而這救恩是由於基督的顯現轉化而成的。在保羅「回轉」之前，他認為救恩是能藉著律法得到的；所以，為了律法，他大發熱心（腓三 6）。他嚴厲地逼迫那一些相信福音是藉著耶穌基督而來的早期基督徒，尤其是那些說希臘語的猶太基督徒（講希臘話的猶太人；徒六 1，八 1~3）。然後，在大馬士革路上基督的顯現卻說服了他。就救恩歷史來看，決定性的轉變只有一個：基督是律法的「總結」（參羅十 4）。既然現在救恩是藉著基督，不是藉著律法，那麼這福音必須公開給全人類，而不是單給猶太人而已[36]。但有趣的是，保羅並沒有在任何地方為這因信稱義——藉著基督，而非律法——的看法與他對外邦人宣教的使命建立任何有條理的聯繫。

最近，有些學者甚至爭辯說保羅對外邦人的宣教使命並不是因大馬士革的經歷而來，乃是保羅在猶太人當中宣教失敗的結果。沃甸爭辯說：「保羅最初的宣教階段，只是向猶太人傳福音而已（引用林前九 20~21；加五 11），然後因為保羅（以及其他人）在向猶太人傳福音之事工失敗之後，他

---

36 如 J. Dupont, "The Conversion of Paul, and Its Influence on His Understanding of Salvation by Faith", in *Apostolic History and the Gospel: FS F. F. Bruce*, pp.176~194; Kim, *Origin*, esp. pp.55~66, 129~131。

們就轉向外邦人傳福音了。」[37] 在類似的脈絡中，泰萊爭辯說，保羅是在後來才完全明白他向外邦人的使命。他建議說：「哥林多前書十二章 2 至 4 節反映了保羅經歷過的一種啟示性的異象，在這個過程中他領受了他的基督使徒之職分，可能也包括向外邦宣教的特別使命」。[38] 但是根據保羅對他在大馬士革路上與主相遇的描述，他蒙召之目的是相當清楚的：當神把他兒子向他顯現時，他「叫我把他傳在外邦人中」（一 16 下；留意希臘文的連接詞 ἵνα，即「以便」、「以致」之意）[39]。進一步而言，在這第三個觀點中，學者必須作出很多的猜測和「歷史重建」以便解釋保羅的明文見證，他如何在大馬士革路上被呼召作外邦人的使徒。

依筆者的意見，最好是認真看待保羅自己的明文見證：在大馬士革路上，保羅被神改變，從一個逼迫教會者成為一個傳揚福音者。他是當場被神呼召，同時去向外邦人傳福音的。保羅的外邦宣教使命之立刻性與基督顯現的直接關係也可以從使徒行傳裏三處的報導得到證實和肯定（徒九 15，二十二 15，二十六 16~18）。總而言之，我們可以總結說，對保羅而言（否則我們必須否定保羅自己的見證），他向外邦宣教的信念是從神啟示而來的一個直接和立刻的結果：它源

---

37 F. Watson, *Paul, Judaism and the Gentiles: A Sociological Approach*, pp.28~38.

38 N. Taylor, "Paul's Apostolic Legitimacy: Autobiographical Reconstruction on Galatians 1.11~2.14", *Journal of Theology for South Africa* 83 (1993), pp.63~77; see also his *Paul*, pp.90~92.

39 如 Betz, *Galatians*, p.71；Kim, *Origin*, pp.58~59；*contra* Taylor, *Paul*, pp.62~63。

自神將他兒子耶穌基督向保羅顯現的那一刹，保羅也認定他的特殊事工是為著「外邦人」。

3. 信主後首次上耶京：與彼得相見（一 18~20）

一 18　與彼得相見

時間：過了 3 年（一 18 上）

地點：耶京（一 18 上）

期間：15 天（一 18 下）

一 19　其他事情：只看見主的兄弟雅各

一 20　誓言：全是真話

現在保羅有必要陳明，並且引證出他與耶京使徒們和猶太信基督的各教會的關係如何（一 18~24）。換言之，在他與巴拿巴上耶京與號稱「教會柱石」的使徒們進行會議（二 1~10）以及「安提阿事件」（二 11~14）之前，情況又是如何？保羅是否始終如一？他所傳講的外邦人得自由的福音是一致的嗎？他的使徒職分是否比耶京的領袖低微？

一章 18 節至二章 10 節的結構，是由一章 18 節、一章 21 節和二章 1 節的副詞「以後」來構成時間歷史性的段落，這 3 次事件發生在保羅遇上的「大馬士革事件」之後。保羅有力的辯證著重於他給予加拉太讀者一個接續性的報告，特別是有關他拜訪耶京的事。他會儘可能把有關的爭論事件提出來，從而澄清敵對者的指控。在此他不一定需要把所有事件毫無遺漏的呈現出來。基本上敵對者的指控乃是指，保羅的使徒職分其實是依賴並受權於耶京教會的使徒。於是，他先論述第一次以基督徒身分拜訪耶京（一 18~20），他過後回到敘利亞和基利家之事（一 21~24），以及他再上耶京參與外邦信徒是否要接受割禮的辯論（二 1~10）。

首先，保羅指明他認識主後上訪耶京的時間是「過了三年」（一 18 上）。這大概是從他歸信和蒙召之時算起，因為這裏的 3 年之後和一章 17 節下「沒有上耶京」是相對的，兩者共同的起點應該是他與主相遇的時候[40]。「3 年」大概是指 2 年多的時間，而非足有 3 年[41]。保羅在這處的主要論點是，在他還沒有上耶京之前，他已花了好一段時間來建立他因基督啟示而向外邦人傳道的事業；也就是說，保羅受爭論的福音和使徒職分跟耶京教會和比他先做使徒的沒有關係。再者，他這次上耶京訪問的目的只是拜會磯法（彼得之亞蘭文名字；參二 9、11、14；約一 42；林前一 12，三 22，九 5，十五 5；彼得（Πέτρος） 之名出現於二 7~8）[42]，而且他和彼得同住的時間只有 15 天之久（一 18 下）。此「拜會」（ἱστορέω）之意包括「向彼得詢問，就是從他獲得資料」[43]。保羅極有可能向彼得詢問有關耶穌的生平事蹟和歷史，如耶穌在地上的工作、受難、復活、顯現等，因為彼得

---

40 見馮蔭坤：《真理與自由》，頁 81~82。

41 見 Dunn, *Galatians*, p.71；周聯華：《加拉太書．以弗所書》，頁 48~49。

42 Betz, *Galatians*, pp.76~77, 97 ; Dunn, *Galatians*, p.74 ; Matera, *Galatians*, p.66。但有少數學者認為彼得和磯法其實是兩個不同的人物：B. D. Ehrman, "Cephas and Peter", *JBL* 109 (1990), pp.463~473; Jervis, *Galatians*, p.49。

43 Dunn, *Galatians*, p.73; *Theology*, p.188; BAGD: visit for the purpose of coming to know someone or something.

對主在地上時的認識是可靠並具代表性的[44]。只是，「15 天」比起「3 年」實在很短，此短居乃是屬「私人拜會」式，而不是官方式的。

雖然如此，15 天的時間仍然是足夠讓保羅去認識主的。從整段爭論性的事件來看，保羅的用意是要再次強調他的使徒職分是獨立的，沒有依賴耶京的領袖，其身分和權威也不會比彼得的低微。他的重點是：他完全沒有接受耶京的使徒的訓導。這一切都是真實的，絕無虛言（一 20；對照帖前二 5；林後一 23，十一 31）。

4. 在敘利亞和基利家一帶傳揚真道（一 21~24）

一 21　　在敘利亞和基利家一帶宣教

一 22~24　保羅與猶太基督徒一般的關係

在耶京與彼得短暫會面之後，保羅繼續其宣教事工。這一趟，他是在敘利亞和基利家一帶，靠近安提阿和大數（一 21；參徒十五 23、41）[45]。另一方面，保羅也提到猶太基督徒對他的印象。即使他們沒有親眼見過他，但因為聽說那從前的「逼迫者」現在已經成為「福音的宣揚者」，他們當然是高興的，並且為他的緣故，歸榮耀給神（一 22~24）。這一切都說明，保羅是被接納的，他所傳講的福音真理從來沒有被質疑過。

在一章 18 至 24 節，正如在一章 16 至 17 節一樣，保羅

---

44 見馮蔭坤：《真理與自由》，頁 82~86；Dunn, *Galatians*, p.73; *JPL*, pp.110~113；Fitzmyer, "Galatians", 47:16。

45 見 Bruce, *Galatians*, pp.102~103。

的論點是：他生平的事實證明了他從開始到現在都沒有受命於耶京教會的領袖。他再次強調了這個宣稱，即不論是他的宣教使命、他的使徒職分和權柄、或是他傳講的福音真理，都絕對不是依賴耶京教會或領袖的權威而來。這就間接支持了他在上文（一 1、12、16）所作的積極宣稱：他的福音和使徒職分都是直接從耶穌基督的呼召和啟示來的[46]。敵對者所編造的謠言，指保羅是在耶京的使徒門下受教，如學生在拉比的門下受教一樣。然而保羅辯論說，在這 14 年（或 17 年）的傳道事奉中，他根本沒有「拜師學藝」的機會[47]。

5. 十四年後再上耶京：「耶京會議」（二 1~10）

二 1~3　保羅上耶京：危機

1. 時間（二 1 上）：14 年後
2. 人物（二 1 下）：巴拿巴和保羅
3. 起因（二 2 上）：奉啟示上去
4. 目的（二 2 下）：澄清外邦人中的福音
5. 提多（二 3）：考驗個案

二 4~5　幕後：「假弟兄」的攻擊和反應（打岔）

1. 假弟兄的特徵（二 4）：
2. 保羅的反應（二 5）：

二 6~10　幕前：耶京會議的結果（解決方案）

1. 保羅與有名望的人（二 6 上）
2. 沒有加增甚麼（二 6 下）

---

46 馮蔭坤：《真理與自由》，頁 94。

47 Silva：〈加拉太書〉，《證主 21 世紀聖經新釋》，頁 1269。

3. 正面：認同保羅的福音和使命（二 7~9 中）
4. 宣教事工的分配（二 9 下）
5. 附帶：請求保羅記念窮人（二 10）

二章 1 至 10 節和二章 11 至 14 節是兩個特殊個案，一個在耶京，一個在安提阿，兩次爭論都是跟外邦信徒有關的。前者關乎割禮，後者關乎同桌聚餐中食物的潔淨條例。在爭論中，保羅與彼得的關係也有轉變：由同等的彼此接納（二 9）到激烈的爭論和對立（二 11~14）。大概，保羅和巴拿巴的關係也有變化：原來的同工（二 1、9），後來也要分道揚鑣（參徒十五 36~41）[48]。

保羅第二次訪問耶京的事件佔有非常重要的地位，它的經過成為重構早期教會歷史年編的根據。「過了十四年」（二 1 上）的意思可能是在第一次（一 18）和第二次訪問之間，相隔了 14 年；也有可能是，從保羅歸信主至第二次訪問耶京時共有 14 年，即首次與第二次訪問之間，相隔約 12 年。此段經文也是作為確定加拉太書寫作日期的重要資料來源（見上文 2.3）。因此，新約學者對此段經文相當重視，並深入研究，引起不少的辯論和分歧。在二章 1 至 10 節裏有好些重要問題：保羅為何辯稱強調上耶京是「奉啟示上去的」（二 2 上）？外邦基督徒提多的出現表明甚麼意義（二 1、3）[49]？假弟兄的行動和保羅的反應，對外邦基督徒有甚麼含

---

48 有關巴拿巴的資料，見使徒行傳四章 36 節，九章 27 節，十一章 22 至 30 節，十三章 1 至十五章 41 節，哥林多前書九章 6 節。

49 有關提多與哥林多教會，見哥林多後書二章 13 節，七章 6 節、13 至 14 節，八章 6、12、23 節，十二章 18 節。

意（二 4~5）？保羅跟被稱為「教會柱石」（στύλοι）[50] 的雅各、磯法和約翰的協議是怎樣的一回事？此協議是為保羅和彼得共有？或是為他們所代表的安提阿教會和耶京教會所共有？希臘文之τὸ εὐαγγέλιον τῆς ἀκροβυστίας（可直譯作「沒受割禮者的福音」）和τὸ εὐαγγέλιον τῆς περιτομῆς（可直譯作「受割禮者的福音」）（二 7）是否意味著兩個不同的福音？「協議分工」（二 9下）又是如何理解？是以區域分工或是以對象分工？保羅與彼得是否持有相同的觀點？至於「記念窮人」的請求（二 10），他們所指的又是誰？有些問題我們無法在此一一討論。

保羅寫這段經文的目的何在？保羅極有可能在回應敵對者的控訴：他們也許辯稱保羅曾經受邀出席「耶京會議」，並且私底下順服於「教會柱石」的指示，例如答應為猶太信徒籌收奉獻就是一證明[51]。故此保羅需要澄清有關會議的來龍去脈。首先，保羅所願意表明的是，他不受耶京使徒的管轄，而且他有足夠的理由作出辯護（二 1~3；參徒十五 1~5）。因此，當安提阿教會差派他和巴拿巴上耶京去見使徒和長老，一同為外邦信徒是否要接受割禮的問題來作出決定時，他便勇往直前。雖然如此，他強調他參與耶京會議的原因是「奉啟示上去的」（二 2 上），他不是順服人的命令，也不是安提阿教會的差遣或是耶京教會的邀請，而是神的指示。其次，他上耶京的目的乃是要澄清外邦人中的福音，讓耶京

50　「柱石」可以象徵教會的棟梁（見太十六 18；弗二 19~22；彼前二 4~5；啟三 12）。猶太文獻也有稱亞伯拉罕、以撒和雅各為柱石。參 U. Wilkens, 「στῦλος」, *TDNT* 7: 732~736。

51　Silva：〈加拉太書〉，《證主 21 世紀聖經新釋》，頁 1269。

領袖們了解他的事工，確定這福音事工不是徒然（二 2 下）。保羅故意帶著外邦人提多同去（二 3），目的就是要把他當作一個重大的考驗個案，來考驗耶京信徒的意見。保羅在此的描寫，只有兩個結果：提多若不是受了割禮，就是沒有接受割禮（字面上兩者都可以說得通）。假如提多被勉強而受了割禮，那麼保羅就作了一個不忠實、不成功的嘗試，這也必然成為敵對者的把柄。但若是提多沒有受割禮，那就清楚表明，所有外邦信徒也不需要接受割禮了。既然保羅把此事件提出來，顯然保羅是成功的，耶京教會領袖們沒有強逼提多接受割禮。換言之，提多沒有受割禮已經是一項原則性的決定[52]。

但是耶京教會卻有些「假弟兄」（二 4）：他們可能是膽怯，只願意討好激進猶太分子，「偷偷的進來」，嘗試影響會議的決定，勉強外邦信徒接受割禮。保羅深深的感覺到，這會議的結果影響深遠，他極力的辯護，為要叫「福音的真理」存留下來（二 5；對應徒十五 7~11）。因為他知道，若基督教會接受猶太主義者的割禮主張，外邦信徒必定會被說服接納全盤的猶太文化，放棄原來的種族身分和文化，作個猶太教皈依者。長遠來說，「基督信仰」必定停留在猶太教內，頂多成為猶太教的一個派別而已。同樣的，保羅和巴拿巴在外邦人當中的宣教工作也被搖動了。

雖然保羅沒有明確提到當時「教會柱石」對於「假弟兄」的反應如何，但不難想像他們也許為了教會（以猶太人為主

52 見馮蔭坤：《真理與自由》，頁 105；Longenecker, *Galatians*, p.50；Fitzmyer, "Galatians", 47:17；cf. Jervis, *Galatians*, pp.55~56。

的）的合一而考慮作出妥協，接納「割禮派」的要求[53]。但是保羅堅決的爭持，「一刻的工夫」也不放過，結果達成了耶京會議的協議（二 6~10）。保羅特別聲明耶京的教會柱石（指雅各、彼得及約翰）並沒有加添他甚麼（二 6；對應徒十五 19~29），反而承認保羅的福音（外邦信徒免受割禮）和神賜予他的使徒職分（二 7~9 上）。他們彼此用右手行相交之禮（二 9 中），同意福音工場的分配合作（二 9 下），只是請求保羅記念窮人，作為教會合一的見證（二 10）。關鍵是保羅和彼得的身分是平等的、是平起平坐的。保羅在此可能是借用了耶京大會的「官方聲明」——「那感動彼得、叫他為受割禮之人作使徒的，也感動我，叫我為外邦人作使徒。」（二 8）

二章 7 節的 τὸ εὐαγγέλιον τῆς ἀκροβυστίας / τῆς περιτομῆς（英譯：the gospel of / to the uncircumcised; the gospel of / to the circumcised）的解釋引起一些問題：究竟有沒有暗示任何兩個福音的跡象？以我們的觀點，它所指的是「向未受割禮者／在他們中間（傳福音）」及「向受割禮者／在他們中間（傳福音）」之意（NRSV: the gospel for the uncircumcised; the gospel for the circumcised），因為會談的要點，並非信息的內容，而是雙方承認他們各自不同的工作範圍和托付[54]（參二 8：「那感動彼得、叫他為受割禮之人作使徒的，也感動我，叫我為外邦人作使徒」）。並且，保羅明言只有一個福音，並嚴肅地咒詛傳另一福音的人（一

53 周聯華：《加拉太書．以弗所書》，頁 69：他們也許還在觀望。

54 馮蔭坤：《真理與自由》，頁 113。

7~9），不容許我們形成兩個福音的結論。

另外一個辯論是二章9節下的「協議分配」：「往外邦人那裏去」和「往受割禮的人那裏去」是如何界分？按以對象分配的解釋來看，就是保羅肯定了「外邦人」和「受割禮的人」的用法，彼此分開兩個不同範疇；兩者是平等的、獨立的宣教事工[55]。但是此說法難以協調使徒行傳的見證，因保羅傳福音的對象除了外邦人以外，亦包括猶太人（林前九20~24；羅二 10~12，十一 14）；按使徒行傳的描寫，保羅在任何一個城市開始其宣教工作時，總是儘可能在猶太人的會堂作開始（參徒九20，十三5、14、46，十四1，十六13、16，十七1~2、10，十八4、19，十九8）。

有另一個說法指，此協議屬區域性的分配（參羅十五17~21；徒十五 12）[56]。但這說法也面對另一個非常困難的地方，就是如何界定保羅與彼得的宣教工場，正如彼得也到了安提阿（二 11）和哥林多（林前九5）。為了對應這兩個意見所面對的困難，朗格內克認為：「早期教會並沒有像今天的學者一般嚴格分別對象分配或區域分配，兩者有相當多的重疊。地中海一帶的外邦城市也有猶太群體，保羅通常都先在猶太會堂裏宣講福音；同樣的，由耶京開展的宣教事工，也自然包括散居各地的猶太人（參徒十一 19~21；雅一1；彼前一 1）」[57]。同樣的，鄧雅各認為「此協議乃是一個

---

55 如周聯華：《加拉太書．以弗所書》，頁 70。

56 Fitzmyer, "Galatians", 42:17.

57 Longenecker, *Galatians*, p.59; A. J. Hultgren, *Paul's Gospel and Mission*.

普遍性共識，彼此分擔宣教事工，由安提阿和耶京教會的代表來承擔，保羅和巴拿巴負責外邦信徒，而教會柱石則關懷猶太信徒」[58]。這種協定，指出雙方並沒有競爭。特別是他們「看見」（二 7）又「知道」（二 9 上）神賜予保羅特殊的使徒恩賜和使命，讓他在外邦人中宣揚真道。那 3 位教會柱石跟保羅和巴拿巴行相交之禮，表示尊敬與平等，互相接納為同工，雙方同意在傳福音的事工上攜手合作。同時，這協定也證實了保羅的福音和耶京教會領袖所傳的福音之間已存在的一致性，並承認保羅的使徒職分與彼得的使徒職分完全相等[59]。

最後，保羅同意履行「記念窮人」的請求（二 10）。既然是要求他們關懷猶太地的窮人，沒有違反福音事工，保羅便欣然答應。只是教會柱石和敵對者對此可能有不同理解：因為「窮人」可以是早期猶太基督徒的自稱，不是經濟上的貧苦，而是宗教上「心靈貧窮」、與神有密切關係的人（貧乏式敬虔；參雅二 5；1QH 5.1、21；18.14；1QM 14.7；1QpHab 12.3、6、10；和《所羅門詩篇》5.2、13）[60]。再者，「記念窮人」可指「施捨」，是猶太人的宗教義務（參申二十四 10~22；詩十 2、9，十二 5，十四 6；賽三 14~15，十 1~2，五十八 6~7；摩八 4~6），恩約行為的公義表現（參但四 27；《西拉赫》3.30，29.12，40.24；《多比傳》 4.10，14.11）[61]。

---

58 Dunn, *Galatians*, p.111.

59 馮蔭坤：《真理與自由》，頁 118。

60 見 Longenecker, *Galatians*, p.59；Fitzmyer, “Galatians”, 42: 17; Jervis, *Galatians*, p.60。

61 見 Dunn, *Galatians*, p.112; *IDB* 3: 843~844。

因此，「記念窮人」可以含有代表外邦信徒對猶太人的尊敬，如同舊約猶太教皈依者上耶京朝拜神，把供物獻上。但是保羅基本上是以經濟的角度來看，盡他的力量，勸勉外邦信徒關懷猶太地區貧苦的弟兄姊妹（見羅十五 25~27；林前十六 1~4；林後八至九章）。

無論如何，保羅講述耶京會議的目的是要澄清幾方面：他的使徒職分和福音被耶京教會所認同（二 6~9）；外邦信徒不必接受猶太割禮，這是非常清楚的共識（二 3）；堅持「福音的真理」，尤其是在基督裏的自由，是保羅始終如一的立場和作風（二 4~5）。

6. 在安提阿的同桌聚餐和衝突（二 11~14）[62]

二 11~13　彼得的舉止行為

二 14　保羅的強烈反應

保羅在安提阿當面指責磯法（就是彼得；參林前一 12，三 22，九 5，十五 5），這可以證明：（1）他對於福音真理的態度是堅決的；（2）他的使徒職分與人間權威毫無關係，他是獨立自主的。我們無法確定彼得何時抵達安提阿（二 11 上）和他往該地有何目的。敘利亞的安提阿為初期教會重要據點之一，也是保羅和巴拿巴往外邦宣教的發源地（徒十一 19~26，十三 1~3）。接下來保羅提出彼得之行為不妥當，有該受責備之處（二 11 下~13）。並且，保羅認為他的行為與「福音的真理」不合，就在眾人面前，當面的嚴厲指責彼得

62 詳盡討論，請參看 Kok, *Truth*, pp.61~76；Dunn, *Jesus, Paul, and the Law*, pp.129~182。

（二 14 上）。如果彼得有錯，他錯在哪裏？當保羅說：「你（指彼得）既是猶太人，若隨外邦人行事，不隨猶太人行事，怎麼還勉強外邦人隨猶太人呢？」（二 14 下）問題的關鍵是甚麼？要了解這段經文，我們需要對猶太人的同桌聚餐有一點認識，從中明白彼得的困難，也因此可以了解保羅強烈的反應。

首先，我們可留意當時在場的主要人物：彼得、外邦信徒、猶太信徒、「從雅各那裏來的人」[63]、「奉割禮的人」、巴拿巴和保羅（見上文 2.5）。在同桌聚餐開始時，彼得與外邦信徒一起吃飯。記得在耶京議會時，他們只是同意外邦信徒不需要接受割禮，但沒有討論猶太人和外邦信徒任何團契的事宜。他們極可能假設猶太信徒會繼續沿用猶太傳統，遵守律法之工，而對於外邦信徒，只是決議不強逼他們接受割禮成為猶太教皈依者。但是這個協議卻沒有指明當如何處理外邦信徒和猶太信徒同在一起的情況[64]。

至於保守的猶太主義者，既然在耶京被保羅勝過，大概他們盼望另找機會，再次爭論。因此，他們有些人到了安提阿，發現猶太信徒過分隨便對待猶太禮教，就施加壓力，使整個同桌聚餐被弄糟了。彼得因為膽怯，害怕那些奉割禮的人，就退去與外邦人隔開了。他的「假裝」影響了其他猶太信徒，甚至連巴拿巴也被引導錯誤了。彼得的變化，真是傷害了保羅。因為他們的行為與「福音的真理」不合，保羅沒

---

63 這些人與雅各的關係並不清晰：他們真的是雅各派來的？抑或是他們自稱而已？或者是來自耶京教會（「雅各」，等於耶京教會領袖所引申出來的意思）？

64 周聯華：《加拉太書．以弗所書》，頁 72。

有辦法，只有單獨面對挑戰，直接在眾人面前揭出彼得的錯誤。

為甚麼彼得會中途退席？割禮派人士認為同桌聚餐的問題在哪裏？其中一個原因是猶太人對外邦人的觀感。有些猶太傳統對於外邦人並不是很肯定，例如把潔淨等級分成 7 級 14 組，而外邦人則在最低處[65]：

A	1	祭司
B	2	利未人
C	3	純血統的以色列人
D	4	祭司不合法的兒子
	5	歸信猶太教的外邦人
	6	曾為奴隸的歸信者
E	7	私生子
	8	妓女之子
	9	棄兒
	10	閹割者
F	11	先天不育者
	12	性器殘缺者
	13	雙性人
G	14	外邦人

但也有猶太傳統給予外邦人頗高的肯定：例如在舊約聖經中，已經有一些關於外邦人被接納進入以色列子民群體中的例子和隱意的記載。舉例而言，當以色列人從埃及地出來時，一些「閒雜人」也跟著他們（出十二 38）；喇合與家人

65 蘇發聯：《新約社會文化》，頁 68~69。

被約書亞所遣派去的探子帶領出來，得以保全性命，從此住在以色列人當中（書六 22~25）。以色列人的宗教也有灌輸一個正面的態度，來對待那些住在以色列邊界的非猶太人的寄居者或客旅（出二十 10，二十二 21，二十三 9、12；申一 16，五 14；參撒下十五 19~23）。當中有些還會遵守「挪亞誡命」：遠離奸淫、偷盜、亂倫、褻瀆和血等（參《禧年書》7.20~25；《主要米大示》之〈創世記〉34；《巴比倫他勒目》之〈論偶像崇拜〉64 下；《巴比倫他勒目》之〈論議會〉56 上）[66]。故此不能夠說彼得中途退席是因為「外邦人」的緣故[67]。

安提阿同桌聚餐的情況顯得相當複雜，問題包括幾個層面：（1）所吃喝的食物是否潔淨？按猶太人的傳統，潔淨程度也有不同的層次，有者非常嚴格，也有比較寬鬆的，遵行時適當調節就是了；（2）參與同桌聚餐的人的習慣和期望。因為不同的猶太人跟外邦人有不同程度的交流，有者相當開明（參約瑟夫，《反駁阿皮安》2.123、209~210、261、280~286；《猶太古史》3.217；《巴比倫他勒目》〈論祝福〉45a），也有較封閉的，避免任何接觸（參但一 8~16；《多比傳》1.10~13；《猶滴傳》10.5，12.1~20；4QMMT 鼓吹分隔；《禧年書》22.16 中的教導是要近乎拒絕）；（3）外邦信徒也有不同程度的「同化」傾向，有些「敬畏神的人」相

66 Dunn, “Incident”, pp.143~144; De Lacey, “Gentiles”, p.336.

67 E. P. Sanders, “Jewish Association with Gentiles and Galatians 2.11~14”, in *Studies in Paul and John: In Honor of J. L. Martyn*, pp.170~188 提出猶太人和外邦人同桌聚餐的證據。吳慧儀：《談情說理話新約》，頁 157 完全忽略了此可能性。

當接納猶太禮教，也有些人不大熟悉猶太傳統。因此我們當考慮不同程度的可能性，不能假設外邦信徒必然完全忽略食物潔淨條例；也不能假設猶太信徒已經放棄遵守猶太禮教。不過，在比較保守者的眼中，任何比較開明的態度都是越軌行動，背叛了猶太人的身分，甚至可能被認為是背道。因此，對於割禮派人士，彼得參與外邦信徒的同桌聚餐是該被譴責的（參《禧年書》6.32~35；《所羅門詩篇》8.13）。

開始的時候，彼得只是願意放棄嚴格的猶太食物條例（所謂「不隨猶太人行事」），與外邦信徒同席用飯，如今的轉變（退席行動，保持距離）猶如「勉強外邦人隨從猶太人行事」了（參照二 14 下；'Ιουδαΐζειν，指按猶太宗教規矩生活）。彼得的行動意義重大：它表示與外邦信徒同席吃飯是不恰當的，外邦人果真是不潔淨的嗎？食物必需符合嚴格的猶太潔淨條例才算是恰當嗎？再者，若猶太食物條例是必須遵守的，外邦信徒也就當遵從猶太傳統了。無論是長期而言或以此推論，外邦信徒期望被接納而成為基督教會裏平等的夥伴，必須一直被同化、猶太化、接受割禮以及變成猶太教皈依者。因此，外邦人是被「勉強」隨從猶太人，遲早必定猶太化！

保羅有見及此，強烈的回應彼得，當面抵擋他（二 11）。保羅爭論的不是表面上「食物條例」的問題，而是其神學含義。難道猶太信徒必需遵從一切猶太傳統才算是向神盡忠？難道外邦信徒必需猶太化，融入猶太民族和文化裏才能得到平等的看待？若是如此，外邦人歸信耶穌基督還是不足夠的，他們還需要猶太化，放棄本身的種族身分和文化。另一方面，要是外邦信徒和猶太信徒不能同席用餐，基督教會遲早會分裂成外邦人和猶太人兩個種族的教會了。難道基督的身體（教會）是分裂的嗎？在基督裏的合一又是怎樣的呢（參三 28）？顯然敵對者是走猶太化路線，而保羅是堅持多元化路線，容許外邦人和猶太人保存各自的文化和傳統。根據保羅對這兩件事件（耶京大會和安提阿衝突）的了解，外邦信徒的地位和基督徒生活方式不只面對嚴重的威脅，引用保羅自己的話來說，更是「福音的真理」（二 5 和二 14 上）受到妥協的危機。

7. 保羅對猶太基督徒的「辯辭」重述（二 15~21）

二 15~16 猶太基督徒的共識：「律法之工」與「信仰基督」的關係

二 17 上 問題關鍵：基督是叫人犯罪的嗎？

二 17 下 答案：「絕對不是」（μὴ γένοιτο）

二 18 澄清（1）：律法已成過去

二 19~20 澄清（2）：與基督聯合的意義

二 21 概括摘要：惟獨基督

在保羅眼中，彼得的行為必然對安提阿的外邦信徒產生影響，因為他的行動乃是一種「間接的強逼之舉」。其餘的猶太信徒也受彼得影響，不再與外邦信徒在餐桌上自由相交，恐怕食物沒有按照保守的潔淨條例來預備，也有的不想跟外邦人深入交往。彼得的變化就是間接把猶太化的要求強加在外邦信徒的身上，作為與猶太信徒相交的條件。保羅有見及此，和它所必然引起的嚴重後果，就公開指責彼得（二 14），並且繼續向他們，尤其是猶太信徒講論因信稱義的含義（二 15~21）。

此段非常濃縮的神學「辯辭」並不容易明白。首先要處理的是此段經文的結構和思路。其次是解釋處境，它跟上文二章 11 至 14 節之「安提阿事件」如何聯繫起來。其三是各神學詞彙的意思，如律法之工、πίστις Χριστοῦ（譯作「相信基督」或「基督的信／信實」）、因信稱義（《現中》：「得以跟神和好」）、與主同死。

有很多學者都同意，保羅借用了古代犬儒學派和斯多亞主義哲學家在遊行講學中所使用的帶有諷刺意味的哲辯格式來表達其意見（參羅二 1~5、17~29，三 1~9、三 27~四 2，六 1~3，九 19~21，十一 17~24；林前六 12~20，十五 29~41 等）[68]。此教學法以老師和學生的對話來進行；問號不一定代表敵對者的抗議，而是用來刺激學生發問和思考的途徑。在本段經文我們發現二章 17 節的μὴ γένοιτο（斷乎不是），就是其中一個諷刺謾罵的辯論符號（參保羅他處引用此詞：加三 21；羅三 4、6、31，六 2、15，七 7、13，九 14，十一 1、11；林前六 15）。對話中的諷刺通常包括假想敵的出現，他所要發出的問題和其錯誤的推論，然後是演講者的否定（通常是μὴ γένοιτο），以及否定的根據和理由，逐步澄清假想敵的誤解和錯誤。根據此辯論式傳統，我們可以把二章 15

---

68 A. J. Marlherbe, "*Me Genoito* in the Diatribe and Paul", *Harvard Theological Review* 73 (1980), pp.231~240; S. K. Stowers, *The Diatribe and Paul's Letter to the Romans*; "The Diatribe", in *Greco-Roman Literature and the New Testament*, pp.71~83; C. T. Rhyne, *Faith Establishes the Law*, pp.32~59; Aune, *Literary Enviroment*, pp.200~202; D. F. Watson, "Diatribe", *DPL* (1993), pp.213~214. Schreiner, *Interpreting*, pp.36~37 似乎過分低估了保羅之希羅教育背景。

至21節分析如下[69]：

1. 共同認知（二 15~16）
2. 錯誤推論（二 17上）
3. 強烈否定（二 17下）
4. 澄清的理由（理由1：二 18；理由2：二 19~20）

第二個詮釋問題是關乎處境的：二章15至21節的神學討論跟二章11至14節的「安提阿事件」有何連繫？「因信稱義」的討論跟外邦猶太信徒同桌聚餐之爭論有何關連？這議題主要出現兩派意見：（1）保羅責罵彼得的話停在二章14節，而二章15至21節是另一個段落，是一個獨立的神學討論（如貝茲、朗格內克）；（2）它們是連接的：保羅在責備彼得之後繼續向他們中間的猶太信徒講解其神學立場，三章1節之後保羅才直接針對外邦信徒來講論（如馮蔭坤）。根據我們對全書的大綱分析，尤其是一章13節至二章21節（敘述）之理解，二章11至14節和二章15至21節的關係密切：二章15節之「我們」指保羅、彼得和其他猶太信徒，而三章1節之「你們」顯示另一段落的開始。再者，保羅對彼得的抗議不可能只是二章14節下的一句話而已[70]。

第三個問題是保羅所用的神學詞彙。近年因森達士的猶太教新觀而引發起的保羅新觀對於二章16節之「律法之工」（ἔργα νόμου）有相當大的爭論（這片語也出現在三 2、5、

69 詳見 Kok, *Truth*, pp.180~184。

70 見 Kok, *Truth*, pp.49~56。

10；羅三 20、28）[71]。傳統的意見認為，它是指人為了遵行神的律法而做的任何事情，但因為人性軟弱，沒有能力為滿足神的要求完全地遵守律法，因而被定罪（參加三 10~12；羅一 18~三 20）。如果人能謹守全部律法，就必蒙拯救[72]。但是第 1 世紀的猶太教是講求「完全遵守全部律法」的要求嗎？難道舊約不是以神的恩典為前提嗎？另一見解指，它是指律法主義（功德神學），因人性驕傲自高，嘗試以有功勞的成就（包括遵行律法在內）來贏取神的喜悅，賺得救恩。問題的關鍵是人的自誇、自以為是（參腓三 4~11）[73]。這個見解的強處在於它對現代存在性的應用，但這是否第 1 世紀保羅所面對的猶太教呢？另一看法是綜合以上兩個觀點，強調人性無能和狂傲自誇為保羅批判「律法之工」的原因。示奈拿進一步指出，保羅拒絕律法為救恩之途徑的原因包括：（1）基督的降臨引進了一個新紀元；（2）遵行律法會引致誇口；以及（3）因為沒有人可憑自己完全地遵行律法，滿足律法的一切要求[74]。但是這意見仍然跟整個猶太教新觀的救贖論不符：難道以色列子民被吩咐遵行律法和誡命是為贏取救恩？另一有趣的建議是把「律法之工」解作主語所有

---

71 見 Kok, *Truth*, pp.110~119；對比 T. R. Schreiner, "Works of the Law", *DPL* (1993), pp.975~979。

72 如 Schlatter、Wilckens、Cranfield、Westerholm、Moo；馮蔭坤：《真理與自由》，頁 164~165；《羅馬書》（一），頁 467~470；周聯華：《加拉太書‧以弗所書》，頁 80~81；古特立：《新約神學》，頁 864~865。

73 代表人物：布特曼。Bultmann, *Theology*, 1: 262~267；E. Kasemann, *Commentary on Romans*, pp.88~90, 103。

74 Schreiner, "Works", pp.977~978.

格，指律法本身主動帶來邪惡結果（參羅三 19~20，四 15，五 20，七 10~11 上）[75]！但從上下文都難以找到此暗示可令人信服。以我們來看，鄧雅各的見解最為可靠，他把焦點放在律法的社會功能上。「律法之工」是指遵照律法的要求而做的事，尤其是猶太人，他們在生活中借以突顯自己是神的立約子民，借以維持他們在恩約中的關係的行動。這些行動包括受割禮、遵守有關食物潔淨的條例以及守安息日和節期。它們是猶太人身分的標記，是有分於恩約的徽章，作為跟外邦人明確區分的符號。這見解顯然比較符合新約時期之猶太社會和宗教處境，也符合本段經文之上下文所爭論的課題。例如，二章 1 至 10 節是爭論到外邦信徒和猶太割禮（五 2~6、11~12，六 12~16），二章 11 至 14 節是關於外邦信徒和猶太信徒之同桌聚餐和食物潔淨條例的問題；四章 10 節是關乎安息日和節日。若是如此，保羅之所以批判「律法之工」是因為猶太信徒過分強調這些身分符號，用以區分猶太人和外邦人，使外邦信徒被貶作次等信徒，除非他們同意被「猶太化」。

另一個具爭議性的神學詞彙是在二章 16 節的「πίστις Χριστοῦ」（也出現在二 20，三 22；羅三 22、26；腓三 9；另參弗三 12）[76]。傳統上是以受詞所有格來翻譯：「相信基督」，強調信徒相信基督的行動。一般認為，隨後的下半句「連我們也信了基督耶穌」（加二 16）是重複語，

75 Gaston, *Paul*, pp.100~106；見 Dunn, *Romans*, 1:154；馮蔭坤：《羅馬書》（一），頁 467 的批評。

76 見 Kok, *Truth*, pp.119~129；對照馮蔭坤：《羅馬書》（一），頁 480~486。

有加強語氣的作用[77]。但近年來相當多學者（尤其在北美的），採納主語所有格的翻譯：「基督的信（或信實）」，他們認為重點在於耶穌基督的信心／信實，指他一生順服父神的旨意，至終死在十字架上（參羅三 25，五 18~19；腓二 8）[78]。這辯論還沒有定論。目前來說，筆者傾向於「基督的信／信實」的立場。按此解釋，保羅在二章 16 節（以及三章 22 節；腓三 9）很巧妙地平衡了信徒信心的客觀基礎（耶穌基督的信實／信心）和人類必須作出的主觀回應（相信）。

另外一個非常重要的詞彙是「義」和「稱義」的意思。「稱義」這動詞在新約裏出現了 39 次，其中 29 次是在保羅書信裏，顯示此觀念在保羅救恩論的重要性。它所指的是由神而來的義者地位嗎？或是從神而來的改造大能，使人成為義？賴特把這複雜的「神的義」的不同立場分類如下[79]：

A.神自己的義	A1. 義作為神本身的道德屬性（以原屬所有格理解；布特曼）	A1a. 神賞善罰惡的公義
		A1b. 神信實守約
	A2. 由神而出的救贖能力（以主語所有格理解；蓋士	A2a. 神信實守約的行動
		A2b. 神的拯救

77 如 Burton、Schlier、Mussner、Cranfield、Betz、Fitzmyer、Bruce、Fung、Moo。

78 見 Longenecker, *Galatians*, pp.87~88；Matera, *Galatians*, pp.100~102；Martyn, *Galatians*, pp.263~275；Witherington, *Grace*, pp.179~182；Jervis, *Galatians*, pp.21~23, 69；Longenecker, *Triumph*, pp.95~98。

79 N.T. Wright, *What Saint Paul Really Said*, p.101.

	曼）	行動
B.賜給人類的義	B1. 由神而來義的地位（以根源所有格理解；葛蘭菲）	B1a. 歸咎性的義
		B1b. 賜予性的義
	B2. 從神而來的義（以受詞所有格理解；馬丁路德）	B2a. 自然的素質
		B2b. 從神而來的素質

天主教學者通常強調「因信成義」，而基督教學者則注重「因信稱義」的觀點。我們無法在此詳盡討論此課題。但巴列的提醒是恰當的：「神的義」可指神的全面作為，包括把他的子民從捆綁中救贖出來，把義者的地位賜給相信的人，以及因他的信實、守約而對人類和世界施展救贖、保存和改造的行動[80]。近年的討論更加側重猶太的背景，尤其是死海古卷（1QS 10.25~26，11.2~5、11~15），認為重點在於神與子民立約的關係。「義」是「關係」的概念。它可以用來描寫神為以色列子民而施行救贖行動（如詩五 8，七 8，九 4，二十二 31，三十五 24，四十 11，五十一 14，六十五 5，七十一 15、24；賽四十五 8，四十六 13，五十一 5~8，五十六 1，六十二 1~2）。基本的觀念是神與以色列子民之間恩約的關係，他會排除敵人，拯救子民（如出九 27；撒上十二 7；但九 16；彌六 5），並且堅持守約和信實（參申七 9；賽四十九 7；詩三十六 5，四十 10，八十九 1~2，九十二

80 C. K. Barrett, *The Epistle to the Romans*, p.31.

2，一一九 90）。即使以色列民不忠，神仍然履行盟約，信實到底（參尼九 5~37；但九 4~19；《以斯得拉一書》9.6~15）。如此看來，「稱義」這詞彙以舊約恩約的框框來理解是正確的，它包含神的信實和全面救贖行動。因此「因信稱義」可包括被神接納成為子民（進入）以及被保存在恩典中（留在裏面）的意思。一些早期教會傳統也包含此用語（如林後五 21；羅三 25~26；參彼前三 18；提前三 16；林前一 30，六 11；羅四 25）。這意味著「稱義」的觀念在保羅之前已被使用，不是保羅所發明的詞彙。

根據上文的澄清，我們嘗試看看保羅在二章 15 至 21 節的辯論。在提出保羅跟彼得與人之差別之前（二 17 上），他先陳明猶太基督徒的共同認知（二 15~16）。當保羅堅決否定他們的錯誤（二 17 下）之後，他給予兩個澄清的理由（二 18~20）。保羅的討論以「我們」開始（二 15~17），然後以單數「我」來講解其神學辯證（二 18~21）。

原文二章 15 至 16 節是一句長句子，結構很不簡單，解釋也不容易[81]。「我們這生來的猶太人，不是外邦的罪人」。二章 15 節的主語「我們」指保羅、彼得和其他猶太基督徒。保羅這樣的描寫是以傳統猶太觀念來劃分，把猶太人和外邦人區劃為兩個不同的世界和團體。在猶太選民以外的全被稱為「外邦罪人」，不是因為他們沒有遵守律法，或遵守不來而被定罪（道德上意義）[82]，而是因為他們與猶太人所敬拜的神沒有關聯，在恩約和救贖應許上為局外人（參弗二

81 見 Kok, *Truth*, pp.93~161 的詳細討論。

82 如周聯華：《加拉太書．以弗所書》，頁 78；馮蔭坤：《真理與自由》，頁 163。

11~12），是宗教框框外的「他們」（參撒上十五 18；《禧年書》23.24；《馬加比一書》1.34；《多比傳》13.6；《所羅門詩篇》1.1，2.1）[83]。接下來保羅提出，即使「我們」這些擁有特別權利的、生下來就是猶太人的，也是因為相信耶穌基督而被稱為義，而非借律法之工（二 16）。由此可見，猶太信徒在基督裏應有新的理解：律法之工已並非絕對的要求了；猶太信徒在恩約裏的標記不再是傳統的律法之工，而是基督信仰，兩者是對立的。前者把基督救恩規限於猶太人當中，而基督信仰則可毫無限制地同時包含猶太人和外邦人（參羅三 27~31）。留意二章 16 節上猶太基督徒的認知（εἰδότες ὅτι，即「既然知道」；參羅三 25，四 25；林前六 11)和二章 16 節下保羅的理解之些微差別：從模棱兩可的「除非」（ἐὰν μή ）到肯定的「不」（οὐκ）。

接下來保羅針對猶太信徒的錯誤推論，並強烈否定它（二 17）。猶太信徒的問題關鍵是對「罪」的認識[84]。他們誤以為跟外邦信徒同桌聚餐，沒有徹底遵守食物潔淨條例，就是干犯律法之工，已經變成「罪人」了。要是如此，基督是「叫人犯罪的」了。保羅的提問是，即使在遵行律法之工的角度上成為「外邦罪人」（ἁμαρτωλοί），那並不是真正的「罪」(ἁμαρτία)。基督是不可能使人犯罪的(二 17 下)。安提阿事件的保守派者就是因為完全不明白律法之工的無效，仍然以舊框框來看待在基督裏新時代的恩約行為。既然保羅不認同他們的邏輯，他明言「斷乎不是」(μὴ γένοιτο)!

---

83 Dunn, *Galatians*, pp.132~133; Jervis, *Galatians*, pp.68~69.

84 見 Kok, *Truth*, pp.163~210 的詳細討論。

保羅繼續澄清並給予兩個理由：（1）基督並沒有使人犯罪，而是「我」（暗指彼得）這位重新建造律法之工有效的人（二 18）；（2）在基督裏是一個全新的境界，「我」（指保羅本身，也代表所有信徒）[85] 已經向律法死了，與基督同死同活，生命的規範乃是以基督來重新定義（二 19~20）[86]。保羅以救恩歷史劃時代的基督事件（見一 4，四 4~5，六 14~15）給予信徒的生命和行為一個新方向和指標：整個新生命的形態是以基督為典範（留意「活」字在二章 19 至 20 節共出現 5 次，對應二章 14 節下之「行事」；原文ζάω [I live] 與「活」為同一字）。與主聯合使信徒與基督產生生命上的聯繫而有一全新的身分、生命和中心，它並非心理作用而已[87]。與主聯合含有歸屬基督之範疇，包括救贖性果效（如林後五 19 上；羅八 1）；教會性屬於基督的身體（如林前十二 12~13），以及倫理性新生命的意義（如羅八 9~10；林後十三 5）[88]。貝茲為基督徒生命提出 4 個特徵：脫離律法（二 19 上）；與主同死（二 19 下）；基督內住（二 20 上）；以信而活（二 20 下）。

---

85 B. Dodd, *Paul's Paradigmatic 'I': Personal Example as Literary Strategy*: personal example, contrastive models; cf. S. McKnight, "The Ego and 'I': Galatians 2.19 in New Perspective", *Word & World* 20 (2000), pp.272~280.

86 見 Kok, *Truth*, pp.211~260 的詳細討論。

87 見 Fitzmyer, "Galatians", 42:20；Jervis, *Galatians*, pp.74~75。

88 Longenecker, *Triumph*, pp.63~67, esp. p.64; cf. Sanders, *Paul and Palestinian Judaism*, pp.453~461.

救恩歷史事件	個人實存意義	對律法的認識
基督的死和復活	與主同死同活（以信心聯繫）	已死→與過去斷絕；舊事已過； 新生命→在基督裏向神活

因此，無論是猶太人或是外邦人，因為「與基督同釘十字架」（二 19，參五 24，六 14；羅六 5~11；林後四 7~12）的緣故，已經歸屬基督之領域，取上了一個全新的身分和樣式，即「基督十架的生活樣式」[89]。故此猶太信徒（回應安提阿事件）不必擔心生活樣式當猶太化或外邦化（參二 14 下），要緊的是「基督化」（二 20 下），向神而活（二 19），此生命乃是以基督犧牲的愛為動機的（二 20 下）。既然如此，外邦信徒同樣已經為神在基督裏所接納，他們在信仰歷程中可以繼續為外邦人，而不是成為猶太人或是相當猶太化的「敬畏神的人」。保羅在三章 28 節，五章 6 節及六章 14 節繼續宣告舊分界已成過去。

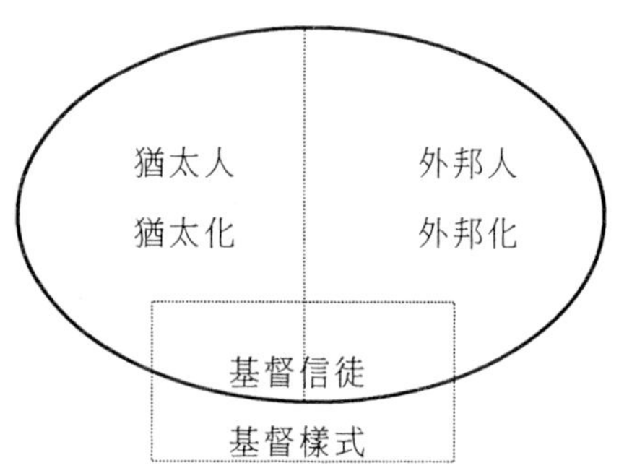

89　參 Kok, *Truth*, p.248 的圖表。

最後保羅提出「惟獨基督」的含義（二 21）：若仍然以律法稱義，神的恩典豈不是廢掉，基督的死也就是徒然的了。安提阿事件的保守派者和如今加拉太教會的敵對者都犯了同樣的毛病，即在神的恩典上還要加添猶太律法，這豈不是廢掉神的恩（見五 4）。神的恩典如今已經藉著基督的死來完成（三 21），而這新時代因信稱義的恩典要包含外邦人。在多元種族的教會裏，任何排斥外邦人在外的律法和律法之工都有違其基本的精神。

總結來說，保羅在此說明兩件事情，用來駁斥敵對者對他個人的使徒資格和他所傳的福音真理的攻擊。他堅定地宣告，並列舉事實證明，他有充分的權利被稱為耶穌基督的使徒，其行事為人是絕對可靠的。關於福音真理，他極力肯定他所傳的是純正的福音，是由神借基督的啟示而來。人被稱義非因律法（包括一切律法之工），惟獨信仰基督，以信心入門，也以信心來持續。

3.4. 重申：7 項神學論證說明（辯證）

當保羅在二章 15 至 21 節引述「安提阿事件」所引發的神學辯證時，他是針對一般猶太基督徒的問題，如何因基督信仰的緣故而（需要）有的新觀點。現今，保羅轉過來直接針對外邦基督徒的疑問來講解。作為外邦人，本來與神的應許無分，與神的子民沒有任何關係，現在又怎麼樣？基督信仰對外邦人又帶來甚麼轉變呢？難道外邦信徒必須加入猶太人團體，接受猶太人的律法和禮教，才算是堂堂正正的「亞伯拉罕子孫」嗎？這個保羅當然不認同。三章 1 節至四章 31

節也就是保羅對基督信仰和猶太傳統的詮釋，他針對猶太敵對者的攻擊，對加拉太信徒提出勸告。當中，保羅提醒加拉太信徒的聖靈經驗、他們過去與保羅的美好關係、對（舊約）聖經的詮釋，並說明救恩歷史的架構以及其神學推論；它們緊密的聯繫在一起，成為一緊扣的辯辭。

以下是我對三章 1 節至四章 31 節之重申作出的 7 項神學論證說明的建議：

	內容	經文	目的	勸服途徑
1.	基於加拉太信徒的經驗	三 1~5	重溫關係	情感
2.	基於聖經的辯證：亞伯拉罕	三 6~14	聖經講解	理智
3.	基於救恩歷史的辯證：律法和基督的關係	三 15~25	神學講解	理智
4.	基於洗禮的意義	三 26~29	神學講解	理智
5.	基於律法和基督的關係	四 1~7	神學講解	理智
6.	基於彼此關係的請求	四 8~20	重溫關係	情感
7.	誰是亞伯拉罕的真正兒女	四 21~31	聖經講解	理智／情感

值得注意的是，三章 1 至 5 節和四章 8 至 20 節同是保羅對加拉太信徒的直接呼籲；三章 6 至 14 節和四章 21 至 31 節針對聖經傳統「亞伯拉罕」的課題討論；三章 15 至 25 節和四章 1 至 7 節以救恩歷史架構來討論律法和基督的關係；三章 26 至 29 節則以信徒受洗歸入基督的信仰宣告來思考。看起來，三章 26 至 29 節好像是中間核心的一段。解經方面，保羅多以猶太米大示方式來討論。

1. 引言：基於加拉太信徒的經驗（三 1~5）

三 1　提醒（拉近關係）

無知的加拉太人

誰迷惑了你們？

耶穌基督釘十架

三 2~3　責問：

領受聖靈：借「律法之工」？聽信福音？（三 2）

靠聖靈入門，還是靠肉體成全？（三 3）

三 4　提醒（拉近關係）；受苦是徒然的嗎？

三 5　責問：神行異能是因「律法之工」或聽信福音？

保羅在此兩次不客氣的指加拉太信徒「無知」，可見他對他們的轉變有多大的反應和激動。當然，這是因為他們對信仰的認識不深，根基紮得不穩，又加上有外來的「假師傅」（敵對者）的迷惑（三 1）。保羅盼望藉著一連串的 5 個修辭式提問，使加拉太信徒可以醒悟過來。他重提當初在他們當中所宣講耶穌基督的十字架信息，如何生動地刻劃在他們眼前（三 1；參林前一 23，二 1~5）。其次我們可留意到保羅的提問：「聽信福音」（ἀκοὴ πίστεως）[90] 與「律法之工」的對比（三 2、5）；靠聖靈與靠肉體的對比（三 3），正如二章 16 節提出「基督之信」和律法之工的對比一樣。保羅強調的是「抑或」的關係，而非「兩者皆是」。保羅至終是要一再強調：無論是領受聖靈得自由的途徑（三 2）或是神蹟異能的彰顯（三 5），皆因聽了而相信耶穌基督之十字架福音而來，而不是靠律法之工或是靠肉體來成全。「靠肉體」

90 此詞包括多種可能性：（1）以信心來聽（hearing with faith）；（2）聽聞福音（hearing the faith）；（3）相信福音信息（believing the gospel message）；（4）因聽聞福音宣告而產生信心（believing as a result of the proclamation）。參看 Fung, *Galatians*, pp.130~133；S. K. Williams, "The Hearing of Faith: AKOE PISTEOS in Galatians 3", *NTS* 35 （1989）, pp.82~93。

可指接受割禮（見六 12~13）和依賴自己，拒絕神教導的生存樣式（見四 29，五 16~26，六 8；林前三 3）。「聖靈」的出現代表救恩歷史新時代已經來臨，而加拉太信徒在信仰經歷上都有確實且無可置疑的「靈恩」體驗，不容動搖（參四 6；羅八 7~17；林前十二 4~11；十四 26~33 上；林後一 22，十二 12）。簡單來說，聖靈的體驗已經是足夠的印證。既然已經被神在基督裏所接納，就沒有需要聽從敵對者的意見，以肉體（即割禮，以及歸化為猶太人）來成全（三 3）。

2. 基於聖經的辯證：亞伯拉罕（三 6~14）

三 6~9　亞伯拉罕的「信」為例證

1. 亞伯拉罕的稱義→信心→臨到亞伯拉罕的子孫（三 6~7）
2. 亞伯拉罕的祝福→信心→臨到全人類（三 8~9）

三 10~14 基督消除律法的咒詛

1. 人的處境（三 10~12）：咒詛之下
   - a. 行律法者=咒詛（三 10 上）
   - b. 犯律法者=咒詛（三 10 下；申二十七 26）
   - c. 因信稱義的原則：信→生命（三 11）
   - d. 對比律法的原則（三 12；利十八 5）
2. 基督如何消除咒詛（三 13~14）：奇異的替代
   - a. 基督被釘十字架：承擔咒詛（三 13）
   - b. 結果：信者蒙救恩之福（三 14）

a. 亞伯拉罕的「信」為例證（三 6~9）

保羅藉著聖經來論證神拯救外邦人的心意（對照羅三

27~四 25）。首先，保羅以舊約聖經和以色列民的主要人物亞伯拉罕來談起（三 6~9）。在猶太人的傳統思想中，亞伯拉罕是一位理想的人物，可作他們的榜樣；他對神的信心和行為是每一位虔誠猶太人效法的對象。問題是：他是一個怎樣的榜樣？傳統上他們認為，亞伯拉罕歸信獨一真神，遠離異教敬拜（參《禧年書》11.15~17；《亞伯拉罕啟示錄》1~8）；信而服從神的帶領，接受割禮為立約的記號（創十七 9~14）；他的子孫將會布滿天下（創十二 2，十三 16，十五 5，十七 4~5，十八 18，二十二 17）；對神的命令和吩咐忠實地遵從（創二十二 16，二十六 4~5；《禧年書》17.17~18；《馬加比一書》2.52），甚至在神還沒有頒布律法以先已經「遵行律法」（參《智慧書》14.19~21；《禧年書》16.28，23.10，24.11；《西拉赫》44.20；《巴錄啟示錄二書》57.1~3；斐羅，《論亞伯拉罕》5~6，60~61，275）。所以我們可以想像得到，猶太敵對者會提倡亞伯拉罕的信心榜樣為一個當遵守的律法，包括實行割禮的榜樣。

敵對者的邏輯：亞伯拉罕相信神，他接受割禮，是每一位信徒的榜樣！

但是，對保羅來說，亞伯拉罕的榜樣的重點乃是「信心」而已：「亞伯拉罕信神，這就算為他的義。」（三 6；引用創十五 6）。可見，信心的因素才是關鍵：「那以信為本的人（οἱ ἐκ πίστεω），就是亞伯拉罕的子孫。」（三 7）再者，神原本的心意是要賜福給外邦人（三 8 上），神的福分要藉著亞伯拉罕臨到全人類：「萬國（當然包括外邦人）都必因你得福。」（三 8 下；引用創十二 3；參十八 18，二十二 18）。可見，「那以信為本的人和有信心的亞伯拉罕一同得福」（三 9）。由此可見，保羅把焦點放在「信心」，而非割禮。

保羅的邏輯：亞伯拉罕相信神而蒙福，是普世的福分，對猶太人和外邦人皆一樣。

根據保羅的看法，信心與割禮根本沒有關聯，它們不可能是「兩者皆是」的關係（這是敵對者和猶太主義者的立場），而是「抑或」的選擇。既然信心是關鍵因素，割禮的要求顯然是無用的。神對人的要求是「以信為本」，就好像亞伯拉罕是「有信心的」人一樣（三 9）。由此保羅藉聖經陳明了兩個基本原理：

1. 亞伯拉罕的稱義是透過信心臨到亞伯拉罕的子孫。（三 6~7）
2. 亞伯拉罕的祝福是透過信心臨到全人類。（三 8~9）

接下來的問題是，如何把「亞伯拉罕的子孫」和「全人類」連貫起來，外邦人如何有分於「亞伯拉罕的子孫」。

b. 基督消除律法的咒詛（三 10~14）

在猶太的簡化思想架構中，猶太人和外邦人是兩個不同世界的人；他們之間的距離，包括神的律法、神的救恩應許和神的恩約（參弗二 11~12）。既然是外邦人——沒有律法，是「外邦的罪人」（二 15），他們怎樣可能有分於亞伯拉罕的福呢？在此保羅要先解決律法所帶來的社會鴻溝（參羅二 17~20；弗二 11~16）。第二方面，既然提及「祝福」，它的反面「咒詛」難免會被討論。因為在猶太律法的神學框框裏，尤其是申命記，祝福與咒詛；生命與死亡，跟聽從律法誡命有密切的關係（參申十一 26~29，二十七 1~二十八 68，三十

1~20）。若神的子民要存留在恩約裏，遵從律法是必須的。

為何遵守律法者會在咒詛之下？保羅引用申命記二十七章 26 節和二十八章 58 至 59 節「凡不常照律法書上所記一切之事去行的，就被咒詛」（三 10 下）的重點是甚麼？律法的目的是甚麼？律法和信心又有甚麼關係？「義人必因信得生」（三 11 下；引自哈二 4 下）[91] 與「行這些事的，就必因此活著」（三 12 下；引用利十八 5；見羅十 5）是否出現衝突？基督如何救贖我們脫離律法的咒詛呢？究竟保羅在三章 10 至 14 節要辯證些甚麼？要解釋三章 10 至 14 節並不容易。

為了掌握保羅的思路，我們需要先留意到：（1）三章 10 節上「凡以行律法為本的」（ὅσοι ἐξ ἔργων νόμου）跟三章 7 節上「以信為本的人」（οἱ ἐκ πίστεως）的對比；（2）三章 9 節有關亞伯拉罕的「福」在三章 14 節的結果條款（ἵνα-clause）的出現，顯示基督之受死帶來改變，使到亞伯拉罕的福可以臨到外邦人。意思是：保羅的用意在於把全人類都圈在咒詛之下，然後帶出耶穌基督的決定性因素，神「在基督裏」實現其「奇異的替代」。

為甚麼人會在咒詛之下（三 10）？傳統的解釋把這「律法的咒詛」歸咎在人的軟弱無能：因為人肉體的軟弱，達不上神聖潔律法的要求，因而犯罪，落在咒詛之下。一般而言，三章 10 節下的重點會放在「凡不常照律法書上所記一切之事去行的，就被咒詛」。它的推論邏輯如下：

1. 凡不常按照律法書上所吩咐去行的，就被咒詛（三

---

91 《七十士譯本》視哈巴谷書二章 4 節下為彌賽亞預言，見羅馬書一章 17 節；參希伯來書十章 37 至 38 節。

10 下）；

2. 沒有一個人能完全遵守整體的律法（隱意）；

3. 因此，凡以行律法為本的，都是被咒詛的（三 10 上）。

但此解釋路線並不是沒有問題的。首先，它似乎認為救恩的本質是歸於遵行的人，但這是否符合第 1 世紀的猶太神學呢？再者，律法本身並沒有應許人可得生命（三 21）。其次，上下文對於「律法之工」的解釋並非「功勞」，而是猶太身分和行為之特徵標記[92]。

另一條比較恰當的路線，以鄧雅各為代表，他把三章 10 節下的重點放在「凡（πᾶς ὅς）不常照律法書上所記一切之事去行的，就被咒詛」。他們被咒詛是因為採納「律法之工」為標記，過分強調猶太人選民的身分，以為神恩約的關係是透過嚴謹遵行猶太律法而來的，並且又歧視、遠離外邦人，使外邦人與神的祝福隔絕[93]。可見敵對者對恩約的「律法之工」的遵行與保羅的很不相同。

敵對者：　恩約→遵從「律法之工」→外邦人被排除
保羅：　恩約→信心；基督信仰→祝福臨到全人類

再者，根據舊約的歷史，以色列百姓因為拒絕神的恩約，違背誡命律法，國家被滅，子民被擄掠到外邦。這個被擄的咒詛有待歸回才算是消除。若人在恩約之下，律法是祝

---

92 見 Kok, *Truth*, pp.112~114；但 Longenecker, *Triumph*, pp.139~142 辯稱保羅之律法觀也許因信仰基督而變得更加嚴格，故此考慮傳統的解釋。

93 見 Dunn, *Galatians*, pp.170~174；*Theology*, pp.361~362；Sanders, *Paul, the Law*, pp.17~27。

福和生命，不然，人將在咒詛和死亡之下。這些咒詛和死亡有待基督（彌賽亞）的降臨來消除，然後祝福和生命再次被賜予。因此，對保羅來說，一切的咒詛已在基督裏被祝福和生命所替換。

這咒詛如何被消除呢？保羅在三章 13 至 14 節給了解釋。在恩約以外就是咒詛；耶穌基督因為被掛在十字架上，代替我們成為恩約以外的人，承擔了律法所宣判的咒詛（見創十二 3；申二十七 15~26，二十八 15~68）。這一切咒詛在基督的復活裏被解除抵消了（三 13 下；引用申二十一 23）。因此這個「基督事件」帶來全然的轉變：死亡被生命取代，咒詛被祝福替換，拯救「我們」——猶太人脫離咒詛，從今以後恩約以內所應許的祝福和生命皆可以藉著「在基督裏」而獲得，從而延伸到外邦人。基督完成了救贖的工作（ἐξηγόρασεν；包括買贖釋放之意；參出十九 5~6；賽四十三 21；詩七十三 2；林前三 13，六 10，七 23）。可見，三章 13 至 14 節的重點在於基督的代死把咒詛化成祝福，當中的推論是以基督的「奇異的替代」來成全。由於基督代替我們的情景，我們在基督裏面得以領受神的福分。

我們：--咒詛=>死亡[原本情況]

基督：--被掛在十字架上=被咒詛（但又死而復活）

[替代基礎]

因此，我們「在基督裏」得生命。[現今情況：替代生效]

我們可留意到，「在基督裏」是與主聯合，進到他的權柄範疇裏，生命受他支配和影響。當人的生命與基督聯合時，他是已經與主同釘十字架，向律法死了，從今以後向神活（二 19~20）。因為此「基督事件」有兩方面的結果（留意雙重ἵνα，「以致」之意）：（1）這種生命的祝福也臨到外邦人身上（三 14 上）；（2）舊約所應許的「亞伯拉罕的福」如今應驗為「所應許的聖靈」（三 14 下）。強調這兩方面固然是要針對加拉太信徒的信仰危機。首先，加拉太外邦信徒的聖靈經驗（三 2~5）顯示基督新紀元已來臨，亞伯拉罕的祝福（三 8）已經實現在他們身上了。其次，原本猶太人所期望的應許之地，保羅認為神在末世所賜下的「聖靈」就是其應驗了（參賽三十二 15，四十四 3，五十九 21；結十一 19，三十六 26~27，三十七 1~14，三十九 29；珥二 28）。由此可見，亞伯拉罕的福已經基於「在基督裏」而臨到了「萬國」，這全然是以信為本，非因猶太血統或律法之功。故此亞伯拉罕和加拉太信徒的經驗可說是類似的（留意三章 6 節之「正如」）：

亞伯拉罕	相信神的應許	被稱為義
加拉太信徒	相信耶穌基督的福音	領受聖靈

3. 基於救恩歷史的辯證：律法和基督的關係（三 15~25）

三 15~18 基督來臨，律法被除

基本原則：立約不可改（三 15）

神的應許（三 16）：內容指向基督（子孫）

同樣：律法不可廢掉應許（三 17~18）

三 19~22 律法的功用？律法的有限性

三 23~25 基督與救恩歷史架構：律法的 3 項職守

1. 看守直到基督來臨（三 23）

2. 只是「訓蒙的師傅」（三 24）

3. 是暫時性，不是永久的（三 25）

a. 基督來臨，律法被除（三 15~18）

若是如此，律法豈不是被廢除嗎？神為甚麼頒布律法呢？它的目的和功用是甚麼？保羅在三章 15 至 18 節首先針對摩西的律法和亞伯拉罕的應許作出評論。根據一般的契約條例，若是簽定了，就不可以廢除，宣布無效，或加增條款和字句（三 15; διαθήκη可指神與子民所締立之恩約（《七十士譯本》）或人與人之間的契約、條約、遺囑（一般性用途），《和合本》譯作「文約」）[94]。同樣的，神對亞伯拉罕的眾多應許（複數 promises；參創十二 2~3，十三 14~17，十五 5、18，十七 2~8，二十二 17~18）也是不可能被那 430 年以後的摩西律法所廢掉（三 17）。這「四百三十年」（出十二 40~41；參見創十五 13；徒七 6）代表一種時間的間隔，把猶太傳統對神向亞伯拉罕的應許和摩西的律法分開，它們並非一體的。再者，神所應許的「那一個子孫」，是指耶穌基督，他已經來臨（三 16；對照創十五 18，十七 7~8，二十二 16~18；撒下七 12~14）。借用拉比解經法，保羅強調所提的「子孫」（Seed，單數作為複合名詞）：一方面把原本對亞伯拉罕所應許的「子孫」範圍縮窄，集中在基督身上，同時也容許此惟一的基督來包含所有信仰耶穌基督者。可見，承受產業的應許是不可以被律法廢除；神對亞伯拉罕的應許必需應驗和實現。（三 18）

---

94 見 Fitzmyer, "Galatians", 42:24；周聯華：《加拉太書．以弗所書》，頁 106~107。

b. 律法的功用（三 19~22）

接下來，保羅繼續發揮三章 15 至 18 節的兩個重點（留意當中的交叉式結構）：

(a)亞伯拉罕的應許和基督的應驗（三 15~16）	(a^1) →基督與救恩歷史架構（三 23~25）
(b) 430 年後的律法不能廢除神的應許（三 17~18）	(b^1) →律法的功用?（三 19~22）

那麼神頒賜律法的目的何在？它有甚麼功用嗎？從上面的推論，律法好像一點功用都沒有了。「這樣說來，律法是為甚麼有的呢？」（三 19 上）在此，保羅借用救恩歷史的架構來解釋（三 19~25）。在神的永恒救恩計劃裏，摩西的律法是必需的，然而它只不過是暫時的，它的功用也是有限的(三 19~22)；其次，神所應許的基督已經來臨(三 23~25)。

從三章 19 至 22 節保羅提出四方面有關律法的有限性：（1）它乃是暫時「為過犯添上的」，直到那蒙應許的子孫，即耶穌基督的來臨（三 19 下；參創四十九 10）；（2）它的角色比不上應許，它只是藉天使經中保（摩西）而設立的，而獨一真神向亞伯拉罕的應許乃是直接的（三 19 下至 20；參申三十三 2；《七十士譯本》詩 68.17；約瑟夫，《猶太古史》15.5.3; 斐羅，《論夢》1.140~144；《禧年書》1.27~29；徒七 38、53；來二 2）；（3）它雖然有效於調理神子民在恩約裏的行為，但它並不能賜予生命（三 21）；（4）它並不能解決人在罪惡權勢下的問題，這有待神在基督裏的救贖作為來處理（三 22）。由此可見，律法只是「訓蒙的師傅」，人的基本問題和關鍵解決仍然有待神所應許的基督來成就

（三 23~25）。

當保羅說律法原是「為過犯添上的」（τῶν παραβάσεων χάριν；三 19 下），它的意思並不是很明顯（參羅四 15，五 13~14、20，七 7~13）。它是否指：（1）律法造成過犯，它誘發人犯罪，是元凶？[95] 或者（2）律法使人認識過犯，把隱而未顯的罪惡顯露出來？[96] 或者（3）律法含有規限禁止過犯的功效，令人知曉神的心意而避免干犯，直到神的時機成熟？[97] 因為上下文都有提及救恩歷史的框框、「神的時機」和律法為過渡時期的作用等觀念，我們認為以上第三項意見比較恰當。雖然保羅認為律法的功用有限，他並沒有需要把律法完全抹黑。

c. 基督與救恩歷史架構（三 23~25）

保羅進一步以「救恩歷史的框框」，來講解「基督事件」是「以先／之後」的分界。律法在「以先」的職守有三方面的描寫：（1）在時間和職分上把我們看守直到基督來臨（三 23，見四 4~5）；（2）在功能上只是「孩童」的「訓蒙的師傅」（παιδαγωγός；即「監護人」）引導到基督那裏（三 24）；[98]（3）在任期上是暫時性的，不是永久的（三 25）。

---

95 如 Betz, *Galatians*, pp.165~167；Barrett, *Freedom*, p.33；*Paul*, p.81；主要考慮羅馬書五章 20 節。

96 如 Hanson, *Galatians*, p.101；主要考慮羅馬書三章 20 節，四章 15 節，五章 13 節和七章 7 節。

97 如 Longenecker, *Galatians*, pp.138~139；Ziesler, *Galatians*, p.47；Matera, *Galatians*, p.132；Dunn, *Galatians*, pp.188~190。

98 究竟 paidagogos 一詞是惡意的管家之意（Betz, *Galatians*,

既然那劃時代特殊的歷史事件彌賽亞已經來臨，救恩新時代已經實現，律法的看管職分就成為過去，到此為止。我們是把原文的「信」解釋為「那信仰的中心人物彌賽亞」，而非《和合本》所指「因信得救的理」。敵對者的問題是，他們以為律法的職守仍然延續到如今，強調摩西律法跟亞伯拉罕的應許之連續性。保羅在此清楚說明，「基督事件」固然是救恩歷史之延續，它也是按天啟神學「以先／之後」的框框成為分界線。律法是屬於舊時代的；基督和聖靈是新時代的記號；兩者的關係是間斷的（見一章 4 節的討論）。

「信」（指基督）既然來到，「我們從此就不在師傅的手下了」（三 25）；保羅宣告猶太基督徒已經「成年」，律法的職守需要重新定位。可見，（1）外邦基督徒沒有理由回去或進入「孩童」的階段，接受傳統猶太人的限制（這有待在稍後的四章 1 至 11 節再詳加解釋）；（2）律法的「看守監護」功用已經成為過去，新時代的基督徒，無論是猶太人或外邦人，都當有新的生活模式。（這方面的討論保羅在五章 5 節提出「靠著聖靈，憑著信心」的生活樣式，之後在五章 13 至六章 10 節再詳細處理）[99]。

4. 基於洗禮的意義（三 26~29）

三 26　　基本認識：三方面

1. 神的兒女的地位

---

pp.177~178; Schlier, *Galater*, pp.168~170）或是善意的師傅 (Longenecker, *Galatians*, pp.146~148; Dunn, *Galatians*, pp.198~199)？近代學者較多同意它為後者，是帶有善意的。

99 參 Dunn, *Galatians*, p.200。

2. 因著信
3. 在基督耶穌裏

三 27~28 解釋：
1. 原因／提醒：受洗歸入基督，都是披戴基督（三 27）
2. 結果：無論何種人都沒有分別，成為一體（三 28 上）
3. 宣告：在基督裏是一體（三 28 下），在教會裏的地位成為一。

三 29 總結：既屬乎基督（三 29 上）
結果：=>亞伯拉罕的後裔（σπέρμα）（三 29 中）
=>承受產業（κληρονομοι）（三 29 下）

在此段落保羅以第二雙數人稱「你們」來直接稱呼加拉太外邦信徒，這跟上文三章 23 至 25 節的「我們」（指猶太信徒）不同。接下來的四章 3 至 5 節是「我們」，然後在四章 6 至 10 節為「你們」。當保羅直接以「我們」來討論時，他是借用猶太信徒在律法下的情境來思考（參三 25，四 5）。轉過來以「你們」來討論時，他比較明顯是針對加拉太教會的外邦信徒來講解。可見「我們」／「你們」的對照：

三 23~25	「我們」	猶太信徒
三 26~29	「你們」	外邦信徒
四 3~5	「我們」	猶太／外邦信徒
四 6~10	「你們」	外邦信徒

根據以上三章 6 至 25 節的辯證，保羅在此作出結語（三 26~29）。三章 26 節以「所以」開始：歸納終結說明，「所

有人（當然包括猶太及外邦信徒）因著信，在基督耶穌裏，都是神的兒女」。這裏有 3 個非常重要的片語：（1）「神的兒女」，顯示外邦信徒已經被接納成為神的兒女，屬靈的地位完全得到肯定[100]；（2）「因著信」，透過信心領受而已，不需要加上任何律法要求[101]；（3）「在基督耶穌裏」，表示惟一的基礎和領域，此乃神與人關係的中心。

接下去保羅基於信徒屬靈生命的起點，以「洗禮」的意義與果效來加強他的論點（三 27~28）：[102] 無論他們是猶太基督徒或是外邦基督徒，他們的共同經驗是受聖靈之洗歸入基督，披戴基督（三 27；參羅十三 14；西三 10；弗四 24），這「並不分猶太人、希臘人，自主的、為奴的，或男或女，因為你們在基督耶穌裏都成為一了」（三 28；對照林前十二 13；西三 11）。根據這早期教會傳統，在基督裏的合一包括 3 個層面：種族及文化、社會地位和性別；不過保羅在這書信是針對「種族」關係來討論和應用而已。總結來說，所有信徒，無論是猶太人或是外邦人，既然是屬乎基督，是「在基督裏」，他／她就是「亞伯拉罕的後裔」，照著神原本的

---

100 我們故意把原文翻譯為「神的兒女」，如同 NRSV 把它譯成較有包含性的 Children of God。

101 Betz, *Galatians*, p.186 指主觀信心（見二 16）；對比 Schlier, *Galater*, pp.171~172 認為是指水禮；Opeke, *Galater*, p.124 指其是救恩歷史的新階段。

102 這「洗禮」是指水禮或是聖靈之洗呢？因為早期教會一般上會在一個人歸信耶穌基督不久之後就為他／她施洗，所以接受聖靈的洗與接受水禮分別不大。既然保羅在這兒所強調的是屬靈生命的實在，重點應該是聖靈之洗（見 Dunn, *Galatians*, pp.203~204; Betz, *Galatians*, pp.184~187 認為是水禮；Fitzmyer, "Galatians", 42:25 傾向於水禮）。

應許作「繼承人」，承受產業了（三 29；對照三 16）。保羅很扼要的在三章 29 節總結了三章 6 至 29 節的討論：外邦基督徒因著在基督裏（三 14、16、19、22、24、26~28），全是亞伯拉罕的後裔（三 7、16），繼承了神向亞伯拉罕的應許（三 8~9、14~22）。

5. 律法與基督的關係（四 1~7）

四 1~2　孩童時期：受師傅和管家看管

四 3~6　應用（成年）基督時期

1. 孩童=「世俗小學」（四 3）
2. 成年=基督來臨（四 4~6）

a 早期基督論程式（四 4~5）

b.結果（四 6）：聖靈與內心同印證

四 7　結論：是神的兒子和後裔

四章 1 至 31 節這段落有點像第二循環的討論，就如三章 1 至 25 節為第一循環的討論一樣。基本上本段落可分為 3 小段：（1）基於救恩歷史的框框來講解律法和基督的關係（四 1~7，對照三 15~25），特別關於外邦人因信，在基督裏都成為神的兒女的肯定；（2）基於彼此間之友情來提問和懇切請求（四 8~11、12~20，對照三 1~5）；（3）基於聖經，以「夏甲和撒拉的例子」來請求（四 21~31，對照三 6~14）。這一循環中保羅所帶出的勸告和應用，顯然比較直接針對加拉太外邦信徒的處境。

四章 1 至 7 節跟三章 23 至 25 節的結構很相似：先是在還沒有認識耶穌基督以前；接著是認識耶穌基督以後；最後

是結果如何。「基督事件」是「以先／之後」的分界線。在此，保羅也許是針對全體猶太和外邦信徒一起來講。首先提醒他們以前「未成年前」的狀況：當時他們如孩童，被委托師傅和管家來看管（四 1~2），在屬靈的情況來說，是受管於「世俗小學」之下，或是受敵對神的「星宿之靈」（τὰ στοιχεῖα τοῦ κόσμου）所支配的（四 3）[103]。這些形容詞顯然是針對外邦人還沒有認識耶穌基督前作為異教徒的情況（參四 8）。但是，當神的時機成熟，事情就不一樣了，小主人已經成年，可以領受產業了（四 4~7）。在此，保羅再次借用「早期基督論程式」（四 4~5，對照三 13~14 和羅八 15~17）來講解。

按照此猶太基督教基督論程式（四 4~5），保羅提出道成肉身是耶穌走向受苦和救贖的途徑。「時候滿足」（《現代中文譯本》譯作「時機成熟」），神採取主動救贖性介入人類歷史，差遣他兒子耶穌基督成為人，使人類可以成為他的兒女（參羅八 3~4、32；約三 16~17；約壹四 9；《所羅門智訓》9.9~18）[104]。對於神差遣兒子一事，這裏有兩方面的

---

103 學者中有不同的見解，有者認為「世俗小學」是指斯多亞主義所講的宇宙的主要元素，是受星宿之靈或元素（水、火、土、空氣；參見彼後三 10、12）之靈的管轄；它們是敵對神的邪惡力量；也可能是轄制人心的部落神明。另有一種解釋，所謂「世俗小學」是指那些世人按照來生活的道德與宗教方面的初步教訓，可指律法傳統的基本要點（如：來五 12）。.

104 我們認為「神差遣他的兒子」含有基督之先存性，是道成肉身的表達（參羅八 3、32 中論神差遣兒子；腓二 6 指他本有神的形像；西一 15、17，二 9 指他是神的像，是首生的；林前十五 24~25、28 指他與萬物分別出來）。對照 J. D. G. Dunn, *Christology in the Making: An Inquiry into the Origins of the Doctrine of the Incarnation*, pp.38~44; *Partings*, pp.183~206; *Galatians*, p.215 之不同意見。見

描述：（1）「為女子所生」說明耶穌的真實人性及代表特性，意即他完全與人類認同，以一個「人」的身分代表代替全人類（參伯十四 1，十五 14，二十五 4；1QH13.14；太十一 11）；（2）「且生在律法以下」顯示耶穌是真猶太人，且生活在一個猶太社會裏，第 1 世紀特定的歷史社會宗教時刻裏。「時候滿足」顯示耶穌基督受差遣進入世界的時刻，乃是按照父神的旨意和時間表（參可一 15；弗一 10）。這是一個重要的救恩歷史觀念。神不斷的透過其選民以色列人在舊約歷史裏進行並實現其救恩計劃，而基督的來臨正是他計劃的高峰、他啟示的頂點（參來一 1~2）。接下來保羅談到基督來臨所達成的功效和目的：救贖脫離罪惡和律法的捆綁及審判，蒙恩成為神的兒女（被領養的子女，成了家庭中的一員），享受一切作兒女的權利和福分。一切的轉變皆因「在基督裏」而達成「奇異的替代」。保羅的論據大概可構畫如下：

父神（差遣）→愛子耶穌基督　　[成為]父神兒女
→[成為]人　人類（透過信心領受）耶穌基督→

保羅繼續說明神在基督裏所完成的「奇異的替代」如何得到聖靈在人心裏工作的保證（四 6，另參三 1~5）。既蒙聖靈大有力的證明，信徒也就對父神有明確的生命體驗，向他禱告，親密地呼叫「阿爸！父！」（參羅八 15；可十四 36；太六 9／路十一 2；太一 25~26／路十 21；太二十六 42／路二十三 34；約十一 41，十二 27~28，十七 1、21、24~25；

Fitzmyer, "Pauline Theology", 82:49~50。

對照《所羅門智訓》14.3；《西拉赫》23.1、4，51.10；《馬加比三書》6.3、8）[105]。由此可見，這客觀的救恩事實（四 4~5）和主觀的救恩經驗（四 6）需要相連接，當中聖靈的角色非常重要。保羅進而作出結論（四 7；對照羅八 16~17）：「你不是奴僕，乃是兒子了；既是兒子，就靠著神為後嗣。」那原先只給予惟一的後裔——基督的，現在信徒因基督的緣故而得著兒子的名分，也變成後嗣了。因此四章 7 節回應了三章 29 節，也結束了由三章 6 節開始的辯論。

6. 基於彼此關係的請求：保羅的反應（四 8~20）

四 8~11	提問：為何還重回舊地步呢？
四 12~20	請求 1. 請求效法保羅（四 12） 2. 重提過去的好時光（四 13~15） 3. 埋怨敵對者的離間（四 16~18） 4. 保羅關懷情緒上的表白（四 19~20）

根據以上的神學認識：既然外邦人因著信，在基督裏成為神的兒女是肯定的，保羅進一步反擊，提出關鍵性的問題（提問）：外邦信徒為何還要歸回受捆綁的舊處境呢？（四 8~11，參五 2~3，六 12~13；對照林前十二 2；帖前四 5）。留意四章 8 至 9 節「從前」和「現在」的對比：以前並不認識真神（四 8），但是如今已親身體驗，認識神，也被神所認識（四 9 上），為何還要歸回到以往的捆綁呢（四 9 下，

105「阿爸」（Abba）為亞蘭文，父親的意思，通常是由成年兒女向父親的尊敬親密稱呼，並非孩童嬉笑的言語。

對照四 3）？如今這些敵對者所傳講的猶太宗教日曆和節期：「日子、月份、節期、年份」（參西二 16），其實是舊傳統，是舊時代的，是捆綁的，是無益的。要是他們被引誘歸附猶太律法禮教，保羅不禁歎息，他辛勞所下的工夫白費了（四 11）！[106]

另一方面，保羅嘗試努力的再次與加拉太信徒拉近關係，尤其在他表達內心的失望之後。基於保羅跟他們的認識，過去曾有一段美好的日子，彼此有親密的友誼關係，他先以頗為強烈的語氣責罵他們（四 8~11，跟一 6~9 和三 2~5 相似），現在轉過來以溫柔的語氣繼續提出誠懇的請求（四 12~20）。之前保羅是基於聖經與他們理論（三 6~25），也有基於信仰經驗與他們理論（三 1~5、26~29，四 1~11），在這裏保羅轉用了以真情的方法，平心靜氣地來游說他們。我們可留意到保羅的內心情感，為他們憂慮擔心。當中還有一些句子是斷節的：四 12 下／、四 16／17、四 18／19、四 19／20；它含有加強情緒的效果。保羅的游說策略是要再次拉近他與加拉太信徒的距離：呼籲「你們要像我一樣」（四 12 上；參林前十一 1；帖前一 6；來六 12，十三 7）。保羅藉重提過去親密的友誼，他們如何心甘情願接待他，即使病痛也沒有輕看或厭棄（四 12 下~15），來對照現今尷尬的關係，如同仇敵一樣（四 16~18）。從四章 12 節的「弟兄們」到四章 19 節的親密稱呼「我的兒女」（《和合本》譯作「我小子啊」），保羅誠懇希望加拉太信徒可以完全的接受他，如同兒女和父母的關係一樣（四 19~20；參林前四 14~15；

106 參腓立比書二章 16 節；帖撒羅尼迦前書三章 5 節；以賽亞書四十九章 4 節及六十五章 23 節。

林後六 13；帖前二 11~12）。保羅借用「生產之苦」的圖像（四 19；參林前三 1~4；帖前二 7~8）來表達他的教牧心腸，對他們的關愛之心猶如父母般，顯出他的渴望情懷（參見羅八 22~23；帖前五 3；可八 29）。此「生產之苦」的圖像含有末世性耶和華日子來臨之意（參彌四 10；賽十三 6、8；耶六 24；《以諾一書》62.4；《巴錄二書》56.6；《以斯拉四書》 4.42），這也符合保羅在一章 4 節所強調耶穌基督已經引進新時代的框框。保羅的目標是幫助他們在屬靈生命上有長進，基督在他們心裏成形（四 19 下；參林後三 18；羅八 29；腓三 10）。

保羅的游說策略可以借助一個三角關係來表達：保羅、加拉太信徒和敵對者。當中保羅必須拉近他與加拉太信徒的距離，鼓勵他們疏遠敵對者，並且質疑敵對者的「愛心」動機不良。在理論的過程中，保羅也需要說服加拉太信徒有關耶穌基督和新時代的來臨，肯定外邦信徒「在基督裏」的身分，他們都是「亞伯拉罕的子孫」，已經被接納為「神的兒女」。在語氣方面，他除了責罵之外，也需要以深切情懷來勸導，尤其是四章 20 節之困惑表示。在四章 12 至 20 節保羅集中拉近加拉太信徒與他的關係，在下文四章 21 至 31 節保羅進一步提出要拒絕敵對者，甚至要把這些敵對者趕絕出去！

7. 保羅的攻擊：誰是亞伯拉罕的真正兒女（四 21~31）

對應這個問題的經文不容易解釋，當中的困難包括分段和思路，保羅的拉比式寓意解釋（四 24 的「比方」）是甚

麼？它有甚麼功用和目的？根據馬提拉，它的分段大略如下：[107]

四 21　　引言

四 22~27　　寓言和解釋

1. 寓言（四 22~23；參創十六 1~16，二十一 1~7）
2. 解釋（四 24~27）

四 28~31　　應用和請求

1. 先識別加拉太信徒的身分：撒拉的兒女（四 28）
2. 認清以實瑪利子孫的逼迫（四 29）
3. 應用：趕逐敵對者（四 30）
4. 再識別加拉太信徒的身分（四 31）

問題的關鍵是：誰才是亞伯拉罕的真正子孫？敵對者可能主張只有猶太信徒（已受割禮者）才算是正統的亞伯拉罕子孫（猶太教歸依者大概也可以被接納）；但保羅強調只有「以信為本的人」才是本於神的應許而生。敵對者的解釋可能認為外邦信徒如同使女夏甲／以實瑪利的系統，並非純正血統的；而帶有猶太血統的信徒才是由自主婦人撒拉所生，才是正統的以撒系統（參見《禧年書》16.17~18，17.19~21，21.12）。保羅的解釋剛好相反，他把整個理解倒轉過來，把有關寓言（四 22~23；參創十六 1~16，二十一 1~7）以另一比方作解釋（四 24~27；「比方」指在這簡單的事跡背後還有更深層的意義）。「撒拉」所代表的是憑應許生的，非按

107 Matera, *Galatians*, p.174.

血氣而行；「以撒」所代表的是自由而並非受捆綁的。因此保羅肯定所有信仰耶穌基督者為應許的系統，為自由的系統，是真正的亞伯拉罕的子孫。兩個約代表著摩西西奈山律法之約和亞伯拉罕的應許之約（四 24，參照三 17）。保羅以天啟末世觀來說明「那在上的耶路撒冷」（四 26；參結四十~四十八；亞二；該二 6~9；啟三 12，二十一 2），不只是將來的，也是現今的，如今已經開始實現在地上（見四 27~28）。有關的分析，我們可以把它排列如下：

亞伯拉罕	
夏甲／以實瑪利	撒拉／以撒
=西奈山	=由神應許生的
=今天／地上的耶路撒冷	=天上／現在的耶路撒冷
=奴隸	=所有「自由的」基督徒
=敵對者（並非一般猶太人或猶太基督徒）	=>包括加拉太外邦信徒

另一個問題是：保羅在此段要引出的目的是甚麼？有學者認為，四章 21 至 31 節是另一輪的辯證：保羅借用亞伯拉罕和憑應許所生的以撒來提出真自由的課題（參四 22~23、26、30~31）。相當多學者接受巴列的意見，認為保羅在此是回應敵對者對亞伯拉罕的講解，保羅是迫不得已才作此討論。我們則有點保留：或許這是保羅的策略，藉著「以實瑪利」的例子來提出相反的要求，趕逐敵對者，要信徒與敵對者一刀兩斷（見四 29~30；《禧年書》17.4；猶太米大示根據創世記二十一章 9 節提出以實瑪利逼迫以撒；如《託約拿單名的他爾根——創世記》21.9~11;《盎克羅他爾根——創世記》21.9）。若是如此，保羅的游說策略是：在四章 12 至 20 節借重提昔日往事，重溫他們原本的親密友誼關係，以拉

近彼此的距離，彼此了解，重建信任；然後在四章 21 至 31 節進一步要求他們拒絕敵對者，甚至採取行動把他們「趕出去」（四 30；參照創二十一 10）。這意念早在四章 17 節已有暗示，接下來在五章 3 節和 7 至 12 節，以及六章 12 至 13 節講得更加明顯。為了加拉太多元種族教會的平靜，這些猶太敵對者必需被鏟除。

小結：保羅在這段論證說明（三 1~四 31）提出了 7 項神學辯證。當中的主要觀念包括聖經中對「亞伯拉罕」的解釋，神學方面救恩歷史的框框和基督新時代的來臨（「以先／之後」的對比），信徒的信仰經驗，如何領受聖靈、經驗聖靈以及生命的改變。摩西律法之功用顯然被邊緣化；它的角色在救恩歷史裏是暫時性的、是針對舊時代的猶太子民的。基督之來臨引進了新時代，神的救恩計劃逐步擴展，從以色列人開始，現今包括全部相信耶穌基督的人。保羅之基督教觀並非脫離猶太教，而是救恩歷史的延續和調整。

另一方面，保羅適當運用理智和情感來勸服加拉太信徒站在他的一方，拒絕敵對者的假教訓。在語氣的運用上，保羅按部就班的加強：先是說明和肯定外邦信徒的地位和身分（三 6~四 7），然後反過來提問他們（四 8~11），進而懇切請求（四 12~20），最後以「夏甲和以實瑪利的例子」攻擊敵對者（四 21~31）。在神學論證上，保羅集中說明外邦信徒因為相信耶穌基督，有聖靈的印證，蒙神「在基督裏」接納為「兒女」了，是亞伯拉罕的真子孫。既然外邦信徒的地位被肯定了，接下來保羅要說明的是：外邦信徒的生活行為樣式，「在基督裏」的信仰生活當如何界定，猶太律法的要求並不是關鍵的因素。

3.5. 勸告（五 1~六 10）

根據我們對這書的修辭分析，從五章 1 節開始是保羅對加拉太信徒的實際勸告，提醒他們當如何實行在基督裏的生活和行為（另有建議是以五章 13 節為勸勉部分的開始）。值得留意的是，五章 1 節上的「真自由」一方面承接上文四章 21 至 31 節的「自主的兒女」，也為下文五章 13 節來鋪路。再者，五章 5 至 6 節已經引進有關真自由的生活，在五章 13 至六章 10 節繼續發揮討論。五章 2 節的語氣改變含有直接呼籲的意思。故此，我們認為五章 1 節至六章 10 節是保羅隨著神學教義部分而來的一系列具體行動的呼籲。面對敵對者以猶太優先權的角度所強調的律法遵守，保羅除了在神學上作出回應以外，也需要給予實際生活的提示，從而加強他們拒絕割禮的原因。

本段主要是論到在基督裏的真自由（五 1~6），如何在聖靈裏實踐（五 13~六 10）；其間他加插對敵對者的警告（五 7~12）。真自由的生活樣式是以愛人如己的提醒為方向（五 13~15），以順從聖靈來對應肉體的捆綁（五 16~24），以及建立彼此相顧的團契生活（五 25~六 10）。

保羅在此勸告的目的是甚麼？為甚麼保羅需要提出具體的基督徒生活原則？有學者建議說保羅是針對兩類敵對者，一是猶太派，強調遵守猶太律法和傳統，另一派卻是主張放縱肉體，濫用自由；那麼保羅在一至四章針對前者，五至六章則針對後者。甚至有人說這兩章並非原來的部分[108]。但比較理想的解釋是，當保羅拒絕以猶太律法和傳統為基督

108 如 J. C. O'Neill, *The Recovery of Paul's Letter to the Galatians*。

徒的生活行為準則時，單以「跟從聖靈」和「憑藉信心」為反建議是不足夠的。保羅還需要在「聖靈」的大前題下加上「愛心」的具體規範，好叫在基督裏的真自由不會被濫用，故此一些比較實踐性的生活提示是必須的。在這段勸告裏，有 3 個詞彙很重要：聖靈（五 16~18、22、25，六 1、8）、律法（五 14、18、23，六 2）和愛（五 13~14、22），當中的討論也是環繞著它們的。

1. 在基督裏的真自由（五 1~6）

五 1 上	宣告（敘述事實語）：基督釋放了我們=>得以自由
五 1 中、下	反應：「所以」（命令語） 1. 要站立得穩（五 1 中） 2. 勿被奴僕的軛轄制（五 1 下）
五 2~4	加強：警告接受割禮的問題 1. 割禮與基督對立（五 3 上） 2. 割禮要行全律法（五 3 下） 3. 割禮在恩典中墜落（五 4）
五 5~6	加強：肯定在基督裏的生命 1. 靠著聖靈，憑著信心，盼望的義（五 5） 2. 在基督裏：割禮無功效；信=>愛心（五 6）

保羅再次慎重的提醒加拉太的外邦信徒：「基督釋放了我們，叫我們得以自由。」（五 1 上）根據這宣告，保羅囑咐他們當有的反應：在積極方面「要站立得穩」，消極方面「不要再被奴僕的軛轄制」（五 1 中）。為要襯托出福音的特徵，指出耶穌基督已經釋放了我們這群信徒，從律法中解脫出來，達到自由。既然神的神聖的工作和目標已經達到，

信徒當站立得穩，特別是在主裏，在信心和在聖靈裏的基礎上，而不是回到從前奴僕的軛下（五 1）。為了加強此勸告，保羅特別聲明接受割禮的後果，用以警告他們（五 2~4）：接受割禮顯示與基督對立（五 3 上），在恩典中墜落，與基督隔絕（五 4，參見二 16、21，三 10~12、21、24），而且必需遵行全套律法（五 3 下），全然以猶太形式來生活。相反的，在基督裏的生命是他們當肯定的（五 5~6）；這新生命乃是靠著聖靈，憑著信心，不斷生發仁愛的生命。加拉太信徒必需作出選擇：基督和自由，或律法和奴役。五章 1 節中至 6 節是以交叉形式來表達：五 1 中、1 下、2~4、5~6。

保羅在五章 5 至 6 節要提出的是，猶太割禮並不能加強稱義的肯定。相反的，生發仁愛的信心才是關鍵，因神也是以這仁愛來接納我們。保羅所看到的是一種全新及有生命的關係。「等候所盼望的義」（五 5 下）顯示稱義是一個以信心透過基督神與我們持續的關係（參羅八 23~25）；信徒固然已經因信稱義（如二 16，三 21），此屬靈關係仍然需要不斷成長，持續到未來（已然和未然的層面）。此生命有兩個特徵：靠著聖靈，憑著信心，前者是下文的重點，後者總結上文的討論，與以猶太律法為指標的生活方式相反。此信心是活的，能使人生發仁愛，產生果效（**πίστις δι᾽ ἀγάπης ἐνεργουμένη**；*energein* 是中間語態，參五 6）[109]。信心的生活並非抽象的，而是有效的、具體的，在日常生活中以效法基督的樣式，把愛心活現出來的生活模式（參二 20；羅五 5~8）。在此「在基督裏」的大前題之下，

---

109 BAGD 265; cf. BDF 316.7.

猶太割禮全無功效，沒有意義（六 15；林前七 19）。

2. 再次警告敵對者（五 7~12）

五 7~9　　你們（五 7）……他們（五 8~9）

五 10　　你們（五 10 上）……他們（五 10 下）

五 11~12　我保羅（五 11）……他們（五 12）

在這裏保羅的語氣愈來愈強烈，直接攻擊那些猶太敵對者。在游說策略上，保羅把自己跟加拉太信徒聯繫在同一陣線，共同對抗敵對者。保羅在五章 1 節中已提醒他們「當站立得穩」，不要被敵對者誘惑，在此進一步掀開他們的真面目，徹底拒絕他們。當中保羅責罵那些敵對者是攔阻人的（五 7），妨礙他人奔跑真理的路程；是攪擾分子（五 10 下，一 7~9）；是攪亂分子（五 12），是破壞分子，如同麵酵能使全團發起來（五 9；參林前五 6~8）；他們的「空言勸導」並非出於神的（五 8）；其實他們的動機是可疑的，他們傳講猶太人的割禮，無非是要避免為基督的十字架受逼迫而已（五 11 隱含此意思）；這些人必要擔當自己的罪（五 10 下）。保羅甚至「恨不得他們把自己閹割」，從神的子民團體被隔絕（參五 12）[110]。相反的，保羅的行事為人是加拉太信徒當效法的。在猛烈攻擊敵對者的當兒，保羅不忘記以自己的生命定位來作對比，如何為基督的十字架受迫害，不以十架為

110 吳慧儀：《談情說理話新約》，頁 31，這是激情憤慨的表達。被閹割的猶太男人是不可以當祭司的。

羞辱（五 11；參林前一 18~25）[111]。他也以運動員的圖像來提醒加拉太信徒當持守到底，堅守信仰（五 7、10；參羅九 16；林前九 24~27；腓二 16，三 14；帖後三 1）。

3. 在聖靈裏真自由的生活（五 13~六 10）

在解釋這段經文時，要先處理其小節之間連貫的問題。基本上它可分成 7 個小單元：五章 13 至 15 節、五章 16 至 18 節、五章 19 至 21 節、五章 22 至 24 節、五章 25 至 26 節、六章 1 至 5 節和六章 6 至 10 節，問題是如何把它們聯繫起來。鄧雅各認為它們是由 4 個段落組成（即：五 13~15，五 16~24，五 25~六 5，六 6~10），而且是以交叉形式來表達。五章 13 至 15 節為主題，引帶出放縱情欲（肉體）和彼此相愛的對比；五章 16 至 24 節繼續發揮有關情欲的問題，而五章 25 至六章 5 節則談論彼此相愛的應用；最後六章 6 至 10 節為結語和一般性勸勉[112]。大體上我們認同鄧雅各的觀察，只是認為六章 1 至 10 節是連接性的一段，故分為 3 個段落：五章 13 至 15 節，五章 16 至 24 節及五章 25 至六章 10 節。

五 13~15　愛人如己：真自由是以愛完成律法

---

111 保羅有沒有傳講割禮？為何如今不再傳割禮？為何受迫害？Bornkamm、Burton 和 Longenecker 都認為，保羅可能有傳講割禮。信主之前的保羅肯定有實踐割禮之事；後來在外邦宣教時也有為提摩太行過割禮（徒十六 3），故此敵對者認為他言行不一致（參林前七 18~19，九 20~21）。至於保羅受迫害的事，所指的是來自猶太會堂或猶太信徒，而不是羅馬政府或官員（見一 13，四 29，六 12；參徒二十六 21；林後十一 24）。

112 Dunn, *Galatians*, p.286. 另參 Barclay, *Obeying*; F. J. Matera, *New Testament Ethics: The Legacies of Jesus and Paul*, pp.161~173。

五 16~24	順從聖靈：人的本性與聖靈相爭
五 25~六10	彼此相顧：跟從聖靈，在教會團體生活裏實踐愛心

我們可留意到五章5至6節所提出有關聖靈、信心和愛心的課題，如何在此落實討論。五章16至24節有關順從聖靈：人的本性與聖靈相爭，如何勝過情欲的問題（同時回應了三章1至5節的問題）；五章26至六章10節進一步討論愛心生活：信徒當彼此相顧，跟從聖靈，在教會生活裏實踐愛心。這也是保羅對聖靈引導的教會團體之規劃；相反的，割禮只會帶來紛爭和破裂（見五26）。保羅的實際提醒顯示他的倫理觀並非天真的，反而是現實的。

a. 愛人如己：真自由是以愛完成律法（五13~15）

五13上	宣告（敘述事實語）：自由
五13中、下	命令（命令語）： 1. 不放縱情欲（五13中）=>五16~24 發揮 2. 愛心互相服事（五13下）=>五25~六10 發揮）
五14	肯定：全律法都包在「愛人如己」（回應五13下）
五15	提醒：不可相咬相吞（回應五13中）

信徒蒙召之目的乃是要得「自由」。保羅為「真自由」（承接五1上）作一個界定：它並非放縱情欲，毫無約束任意而為，乃是以愛心積極地互相服事（原文是「互相做奴隸」），有責任地使用自由（五13）。接下來再簡單的補充（五14上的「因為」）：正面來說，「全律法都包在愛人如己這一句話之內了」（五14；引用利十九18；參六2；羅十

三 8~10；可十二 28~34；太七 12；路十 27）[113]。當保羅說「包」（或譯「綜合在」），這表示他並沒有完全丟棄律法，也沒有完全一字不漏的遵行全套律法，而是強調以愛心來滿足律法的要求和精神。這方面有待五章 25 至六章 10 節來發揮。另一面消極來說，「相咬相吞」的行為如同一群野獸互相襲擊，是不可以接受的，這並不符合愛心和真自由的精神（五 15）。保羅警告他們要謹慎防備濫用自由的危險，免得彼此消滅，破壞基督的身體。這一方面在五章 16 至 24 節繼續有所發揮。可見五章 13 至 15 節又是一個交叉式的表達。

五章 13 節之「情欲」（σάρξ）直譯為「肉體」。它可以按舊約希伯來文 *basar* 之中性意義指物質的肉體、自然的人（如同希臘文的σῶμα；林前六 16 引用創二 24；林後四 10~11），含有人之軟弱本性（見創六 3；詩五十六 4，七十八 39；伯十 4；代下三十二 8；賽三十一 3，四十 6~8；耶十七 5；太二十六 41；可十四 38；如加二 16、20，四 13~14；林前十五 50；林後七 5，十 4；羅八 3）。不過，保羅也以σάρξ來表達人之屬地部分，具有各樣的欲望和欲念，是罪惡的範疇，反對善良和作惡的因素，與神為敵的本性（如加三 3，五 16~17、19；羅二 28，八 4~9、13；腓三 3~4；弗二 3）。按馮蔭坤解釋，在此所指的不僅是所謂「肉體的情欲」（即肉欲），而是陷於活在罪與敗壞中的整個人性。此情欲還會找借口（或機會）來敗壞人：它彷彿一個心懷惡意的敵人，

---

113 Str-B 1.907~908；猶太拉比希列曾說：「What is hateful to you, do not do to your neighbour. 」R. Aqiba 說：「You shall love your neighbour as yourself is the encompassing principle of the Torah」（*Genesis Rabbah 24.7 on Genesis 5.1*; 引自 Jervis, *Galatians*, p.145）。

以「自由」為其橋頭堡，俟機行事遂其所欲[114]。

b. 順從聖靈：人的本性與聖靈相爭（五 16~24）

五 16　當順從聖靈，拒絕情欲（命令語）
1. 積極面：當順著聖靈而行（五 16 上）
2. 消極面：不放縱肉體的情欲（五 16 下）

五 17~18　原因：
1. 聖靈與情欲相爭（五 17）：**人本假設**
2. 不在律法之下（五 18）：**救贖假設**

五 19~23　在情欲中生活和在聖靈裏生活的對比
1. 消極面：情欲的行為（五 19~21）
系列（五 19~21 上）
與神國不合（五 21 下）
2. 積極面：聖靈的果子（五 22~23）
系列（五 22~23 上）：
沒有律法禁止（五 23 下）

五 24　提醒：肉體和情欲已被釘（敘述事實語）

為要達到非放縱情欲的目標，保羅進一步提出順從聖靈的祕訣來：「你們當順著聖靈而行，就不放縱肉體的情欲了。」（五 16；見弗二 3）原因有兩方面（五 17~18）：其一是人本假設：聖靈與情欲（肉體）相爭，兩者彼此敵對，互相抗衡，以至當事人夾在其間無能為力（五 17；擬人化手法形容；戰爭圖像；參羅七 15~24）；其二是救贖假設：信徒既被聖靈

---

114 馮蔭坤：《真理與自由》，頁 322~323。

不斷地引導，皆不在律法之下（五 18；另見羅三 23~25，六 14，八 1~17）。猶太敵對者也許認為，在道德生活上要完全，惟一的方法是將自己置於律法的規範之下，不然生活必定是放蕩不羈，無法無天（參見三 1~5）。但保羅認為還有第三種生活樣式，那就是被聖靈引導，更加超越律法的要求。此進路如同二章 19 至 20 節 （參一章 4 節）所提出的基督化樣式——以犧牲的愛為標志，而非猶太律法式或外邦放縱式的生活形式。

接下來保羅借罪惡和美德系列提出兩個強烈對比（五 19~23）[115]：人罪惡本性的欲望，情欲的行為（五 19~21；參林前三 3）；在聖靈裏的生活，聖靈的果子（五 22~23；參羅八 9~11；腓一 11；提前六 11；彼後一 5~8）[116]。人情欲的事都是顯而易見的罪惡：共有 15 項，包括在性方面放縱情欲的罪、宗教性拜偶像的罪以及人際關係方面因自我利益而產生團體鬥爭仇恨方面的罪（五 19~21 上）；犯上這些罪所引致嚴重的結果是不能承受神的國（五 21 下）[117]。相

---

115 這也是保羅的教導方式。（參羅一 29~31，十三 13；林前五 10~11，六 9~11；林後十二 20~21；弗四 19、25~32，五 3~5；西三 5~9、12~15；提前一 9~10；提後三 2~5；多三 3）。見 Betz, *Galatians*, pp.281~283；Schreiner, *Interpreting*, p.39；B. S. Easton, "New Testament Ethical Lists", *JBL* 51 (1932), pp.1~12；N. J. McEleney, "The Vice Lists of the Pastoral Epistles", *CBQ* 36 (1974), pp.203~219；M. J. Suggs, "The Christian Two Ways Tradition: Its Antiquity, Form and Function", in *Studies in New Testament and Early Christian Literature*, pp.60~74；Aune, *Literary Environment*, pp.194~196。

116 保羅在此並非討論聖靈的恩賜（羅十二 6~8；林前十二 7~11）。

117 見林前四 20，六 9~10，十五 24、50；羅十四 17；帖前二 12；太五 5，二十五 34；啟二十一 7；相反，相信基督者都能承受神的國：三 15~18，三 29~四 7。

反的，由聖靈所結的果子是自然流露出來的性情，它含有 9 項美德，分成 3 系列：仁愛，喜樂，和平；忍耐，恩慈，良善；信實，溫柔，節制（五 22~23 上）[118]，都是神的工作，律法並沒有禁止（五 23 下）。意思說，信徒在聖靈的引導之下，雖然沒有以猶太律法為生活的藍本，他們仍然可以「成全」律法的要求。並且此生活形態是以基督犧牲的愛為典範的。再者，「凡屬基督耶穌的人，是已經把肉體連肉體的邪情私欲同釘在十字架上了」（五 24）。本段經文以相對的詞句來表達：

順著聖靈而行（五 16）	←→	放縱肉體的情欲
被聖靈引導（五 18）	←→	在律法之下（情欲必然的所在）
聖靈所結的果子（五 22~23）	←→	情欲的事（五 19~21）

保羅的倫理觀，或基督徒生命的原則，有這樣的雙重特色：強調人的責任，參與基督受死之功效裏；其次是「已然與未然」的張力層面。例如在五章 16 節保羅提醒他們「當」順著聖靈而行（採命令式語氣，顯示人的責任）；五章 17 節說明情欲和聖靈相爭的事實；而五章 24 節則提醒他們，他們是「已經」把肉體連肉體的邪情私欲，同釘在十字架上了（對照二 20 上，六 14；羅六 6；表達一種與基督聯合的關係，這一次過的行動發生於信徒相信主而歸入耶穌基督時）。留意保羅以過去不定時時態的直說語語法「已經釘在

118 Matera, *Galatians*, p.210: triads。見馮蔭坤：《真理與自由》，頁 351；周聯華：《加拉太書．以弗所書》，頁 179 其他分類。「果子」是單數，但接下來的描寫有九方面，似乎代表聖靈的果子是一粒，卻含有多種味道；或同一顆寶石有九面，彼此相連，不能分開的。

十字架上了」（aorist indicative；ἐσταύρωσαν）來表達此事實：既然如此，信徒當持續不斷地活在聖靈裏，被聖靈引導（五 16、25；參羅八 13；西三 5）。馮蔭坤提出本段邏輯關係如下：[119]

大前題：肉體與聖靈彼此敵對：

→肉體得勝，則人在罪中生活；

→聖靈得勝，則結出品格與行為的善果；

小前題：信徒的特徵（凡屬基督者）→已將肉體及其情欲置於死地（五 24）

（隱含的結論）：因此信徒理當活在聖靈裏，被聖靈引導。

c. 彼此相顧：跟從聖靈，在教會團體生活裏實踐愛心（五 25~六 10）

五 25　當靠聖靈行事（命令式語氣）

五 26　消極方面：當避免激怒他人（參五 15）

六 1~10　積極方面：當實踐愛心

1. 挽回軟弱者（六 1~5）
2. 供給施教者（六 6）；

基本撒種收割的原則（六 7~9）：末世處境

3. 向眾人行善，尤其是神的家（六 10）

保羅在此已假定加拉太信徒必然會接受其勸告，因此進一步命令吩咐說：「我們若是靠聖靈得生，就當靠聖靈行事。」（五 25）這勸告是根據從敘述事實語到命令語的關係來表達：「既然是靠聖靈得生」是事實，就「當靠聖靈行事」。

---

119 馮蔭坤：《真理與自由》，頁 354。

前者所表達的事實，乃是後者呼籲的基礎，而後者的用意，是要將前者所表達的事實在信徒的經歷中完全實現出來。正因為信徒是靠聖靈得生命的，所以他們必須繼續不斷的順從聖靈而生活。具體來說，「靠聖靈行事」又是甚麼？五章 26 節先表達消極方面的提醒：不要貪圖虛名，彼此惹氣，互相嫉妒；然後在六章 1 至 10 節繼續積極方面的教導：當如何具體實踐愛心關懷，互相關懷。

在這段勸告裏，保羅多次以命令語來表達：當靠聖靈行事（五 25）；不要貪圖虛名（五 26）；要用溫柔的心把軟弱者挽回過來（六 1）；你們各人的重擔要互相擔當（六 2）；各人當察驗自己的行為（六 4）；受教者當供給施教者（六 6）；不要自欺（六 7）；行善不可喪志（六 9）；當向眾人行善（六 10）。

本段的討論是連接回去五章 5 至 6 節有關「生發仁愛的信心」、五章 13 至 15 節所提出愛心互相服事和「愛人如己」的大原則，以及五章 22 至 23 節有關聖靈的果子，尤其是仁愛的應用。保羅從上文所提的原則性的教導轉移到比較實際的問題（六 1~10）。在聖靈引導下的生命，如何在教會團體生活裏實踐基督樣式的愛心呢？保羅特別提出 3 類人士是我們當留意的：（1）偶然被過犯所勝的軟弱肢體，需要以溫柔的心來扶持和重建（六 1~5；參利十九 17；太十八 15~22；路十七 3~4；雅五 19~20；林前五 1~13；多三 10~11）；（2）在教會裏擔任教導者的需要，當被受教者照顧供養，實現團契分享的原則（六 6；參林前九 3~14；羅十五 27；腓四 15）；（3）屬神家裏的人當被優先關懷（六 10；對照彼後一 7；提前二 1~5）。當中保羅加插基本撒種收割的原則以及末世處境的緊迫性來提醒他們（六 7~9；參林前四 5；林後五 10）。

當保羅論及信徒團體各人的重擔要互相分擔，尤其是「剛強者」更是需要關懷扶持挽回「軟弱者」時，如此就滿足了「基督的律法」（六 2）。此用詞「基督的律法」在新約中只出現這一次，學者對此用詞的意見很分歧，爭論也相當激烈。主要的意見包括：（1）基督的教訓（參林前九 21）：指基督在世時給予門徒的倫理教訓，在教會中流傳下來；不過這並非一套規條，乃是由聖靈寫在信徒的心版上的[120]。陶德認為六章 1 至 5 節乃是保羅重新應用耶穌在馬太福音二十三章 4 節和十八章 15 至 16 節的教訓。無可否認，保羅的倫理教訓反映耶穌的言論（尤其是羅十二~十三；帖前四~五；西三）。不過有趣的是，為何保羅不索性寫成「基督的教訓」，而選用「律法」二字？（2）彌賽亞的律法：指在彌賽亞的時代神要藉著他賜下的新律法，好像拉比著作中所暗示的：「一個人在今世學習的律法，與彌賽亞的律法比較下，簡直是虛無。」[121] 可是拉比著作只有這麼微弱的提示，而且是比較後期才出現，把兩者等同似乎太冒險了。（3）另一看法是貝茲所提倡的，指敵對者用詞[122]。既然保羅一直以來都反對外邦信徒遵守律法，或以律法為稱義的途徑，他不可能在此正面說律法的好處。再者，他向來只強調信心和聖靈為

120現中；C. H. Dodd, “Ennomos Christou”[1953], in More New Testament Essays, pp.134~148；Bruce, Galatians, p.261。

121Davies, *Paul*, pp69~74, 142~145, 174~176; P. Stuhlmacher, “The Law as a Topic of Biblical Theology” *Reconciliation, Law, righteousness: Essays in Biblical Theology*, pp.110~133 提議 Zion-Torah。

122 Betz, *Galatians*, pp.299~301.

救恩的基礎，而非律法之工。故此，保羅在此大概是借用敵對者的用語（參太五 3~七 27；雅一 25；林後六 14~七 1），只是反過來諷刺他們而已。但是，本段六章 1 至 5 節以及上下文都不見得是諷刺性，讓我們斷定「基督的律法」是敵對者用語。（4）相當多學者認為它指耶穌基督愛的命令。此命令早已由摩西頒布（利十九 18），耶穌也確認它是律法中關乎人的部分最大的命令（太二十二 36~40），又以此為「新命令」給予門徒（約十三 34，十五 12；約壹三 23），並現身說法把愛的原則表明出來。保羅似乎在羅馬書十三章 8 至 10 節表達了相同重點。（5）最近有學者建議它是指以基督為詮釋焦點的律法：此見解認為「律法」應按一般用途指摩西律法，而非原則。此律法如今是以基督事件的角度來重新詮釋，以基督的生命和犧牲的愛來理解（一 4，二 20；參腓二 4~11）。以我們的意見，此解釋比較恰當，它符合上文有關愛的命令（五 13~14），而且是根據摩西的律法（利十九 18）。再者，保羅也沒有完全否定神的律法，它仍然是有益的（特別參五 14；羅三 27、31，七 12、14，八 2、4，九 31，十三 8~10；林前九 20~21）。

按此解釋，保羅並沒有完全拋棄律法，也沒有絕對死板地遵守律法的條文，他乃是著重原本律法的意義、律法的精神，並以基督、十字架和犧牲的愛為詮釋焦點，這也就是耶穌基督的精神（參羅十三 8~10，十五 1~3）。由此可見，保羅的神學倫理觀是以基督為典範的，信徒的生命中心只有一個，那就是基督；一切的生活樣式皆以基督十架為藍本。這種信徒的生命引導只能在聖靈裏以信心來生活，在具體的實踐中以愛心為大原則。末世處境、主再來的角度在五章 21

節下和六章 7 至 9 節更是警惕信徒當積極實踐主的教導來見證神在基督裏的新創造。那麼，神在舊約時代所賜下的律法豈不是完全無用？這當然不大正確，只是如今在基督耶穌的新時代裏，在這多元種族的教會群體中，（猶太）律法的意義和應用需要重新來界定。因此，那本來是猶太人的律法，現今需要以基督為中心來重新界定和詮釋。這也就是「基督的律法」的意義了[123]。

3.6. 結論／書信結尾（六 11~18）

六 11　保羅親筆簽名

六 12~16　保羅辯證的撮要

1. 對猶太敵對者的警告（六 12~13）
2. 重申：對比自己的立場（六 14~16）

a.保羅只誇十字架（六 14）

b.神學宣告：只有作新造的人（六 15）

c.祝願（六 16）

六 17　最後的警告

六 18　祝福

---

123 對比 Martyn, *Galatians*, pp.548~549, 554~558 的解釋，“In 6.2, Paul coins the expression ‘the Law of Christ’in order to refer to the Law that Christ has brought to completion for the life of the church, the new creation (5.14), thus making that Law his own Law…The Law as it has been taken in hand by Christ himself”. 在六章 2 節，保羅造了一個新詞「基督的律法」，為要指出基督為教會所完成的律法是新的創造（五章 14 節），並藉此把那律法變成了他的律法……這是基督自己成就的律法。

在信末，保羅又一反慣例，沒有問安，而是寫了一大段話，重申本信的主旨，再加強他所推行的教訓。結尾並不表示不重要；很多時候，關鍵性的觀念和心底裏的關懷都在這兒顯露出來。這結語包括：保羅的親筆簽名（六 11）；保羅辯證的撮要（六 12~16）；最後的警告（六 17）和祝福（六 18）。對加拉太教會的危機，保羅需要處理有關他使徒的身分、基督十字架的道理以及猶太敵對者的錯誤教訓。由於加拉太外邦信徒深受敵對者的攪擾，保羅的游說必須包括讓信徒認識保羅本人的人格（真面貌）、對基督信仰的正確認識，以及重建加拉太信徒與他的密切關係。為了令他的勸說來得更有效，保羅利用了希臘羅馬傳統修辭學的 3 個要素：建立人格的可靠性、講說道理的可信度、情感的適當激勵。因此，六章 11 節的「親自簽名」（顯示親切，吸引讀者留意）和六章 17 節他「帶著耶穌的印記」[124] 來「警告」就有人際關係和情感的功效，激起加拉太人的情緒反應。

另一方面，六章 12 至 16 節的辯證撮要把保羅的基本要點總結下來：對敵對者的強烈警告（六 12~13，參一 7~9，四 7，五 7~12）；重申對比自己的立場（六 14~16）。保羅控告敵對者，他們的問題是動機不良。他們傳揚割禮其實是希圖外貌體面（六 12 上）；害怕為基督的十字架受逼迫（六

124 顯示他為主受苦的記號，如病痛（四 13；林後十二 7）；鞭打（林後十一 23~25 上）；各式各樣危險（林後十一 25 下~26）；勞苦（林後十一 27）；心靈憂慮（林後十一 28~29）；同野獸戰鬥（林前十五 32）；遭遇患難（林後一 8）。也許包括與主受苦的聯合（見林後一 4，四 8~10；羅八 17；腓三 10；西一 24）。參見 Longenecker, *Triumph*, p.64; Fitzmyer, "Galatians", 47:32。

12 下）；勉強他人接受割禮（六 12 上）；要藉他人的肉體誇口而已（六 13 下）；其實本身並沒有好好遵守律法，極其量是選擇性的順從（六 13 上）。這樣的人怎值得跟隨呢？相反，保羅表明自己是一位「只誇我們主耶穌基督的十字架」的人，而非依靠肉體或誇耀肉體的人（六 14 上；參羅五 11；林前一 29~31，二 2；林後十 17；腓三 3；弗二 9）。基於保羅「與主聯合」的生命體驗，基督的十字架就是一切，他的生命、他的方向、他的價值觀，完全被基督調整過來了（六 14 下；參照二 19~20，五 24；腓一 21；「基督十架的生活樣式」）。現今的「世界」（指邪惡的世代，見一 4）已成過去：舊世代已被耶穌基督和新時代所取代。保羅再次把十字架之實存性和宇宙性的意義聯合起來。

接下來保羅作出重大的神學宣告：「受割禮不受割禮都無關緊要，要緊的就是作新造的人。」（「新的創造」：六 15；參林後五 17；神在新亞當裏的新創造：林前六 14，十五 45~49；林後四 14；羅六 4~5，八 11、29）[125]，而且祝願神的平安憐憫臨到他們──「神的（真）以色列民」（六 16）。保羅在此所宣告的「神的以色列民」是誰？是指現今遵照保羅在六章 15 節所提之神學原則者？那是說，凡是「在基督裏」的，無論是猶太人或是外邦人，他們在這救恩歷史的新紀元裏作「真以色列民」，或是指按肉體／血統為以色列的猶太人？問題的關鍵是：按經文結構，「他們」和「神的以色列民」是否指同一類的人？此外，「平安」與「憐憫」是

125《和合本》的翻譯「新造的人」把重點放在信徒經驗的層面上。如果（καινὴ κτίσι）的重點是在救恩歷史的層面，那麼翻譯為「新的創造」可能比較恰當。參考 Fitzmyer, “Pauline Theology”, 82:79。

否連在一起（如下面句形分析）？或是把「平安」和「憐憫」勉強分開，解釋「平安」歸與遵照保羅的原則者（即基督徒），而「憐憫」仍舊歸與（不接受耶穌基督的）以色列民（如 NRSV: peace be upon them, and mercy, and upon the Israel of God）？[126] 後者的解釋相當勉強，不符合文法原則，在神學上也不符合加拉太書的辯論方向（尤其留意三 13~14、29，四 5~7、21~31）。若把此「神的以色列民」按照上下文來解釋為在基督裏的「新造的人」，從今以後「以色列民」的定義和界定就全然不同，我們可稱它為「新／真以色列民」了（NIV: Peace and mercy to all who follow this rule, even to the Israel of God；對照腓三 3；羅二 25~29，九 6；林前十 18）。[127] 故此，保羅修訂了詩篇一二五篇 5 節或一二八篇 6 節的祝文。對加拉太教會的外邦信徒來說，他們不是神教會裏的次等公民，好像安提阿事件的外邦信徒不被猶太基督徒完全接納一樣（參二 11~14）。現今，因為「在基督裏」，無論是外邦人或是猶太人，他們都因信而成為「亞伯拉罕的後裔，是照著應許承受產業的了」（三 29）。

---

126 如 Burton, *Galatians*, pp.357~358；Dunn, *Galatians*, pp.345~346。Bruce, *Galatians*, p.275 認為按羅馬書十一章 26 至 27 節指末世性以色列民。

127 如 Lightfoot, *Galatians*, p.225；Fung, *Galatians*, pp.309~311；Longenecker, *Triumph*, pp.87~88；G. K. Beale, "Peace and Mercy Upon the Israel of God: The Old Testament Background of Galatians 6.16b", *Biblica* 80 (1999), pp.204~223; 對照 Schurer, *History*, 2:458 第十九祝文。

第四章

後語——保羅在加拉太書的神學和信息

在這書保羅主要申明兩個問題，駁斥猶太基督教保守派的敵對者對他個人的使徒身分和他所傳講之福音真理的攻擊。首先，他在信的開首堅決地宣告，然後列舉事實來證明，他有充分的權利稱為使徒，是名正言順的耶穌基督的僕人。關於福音真理，他極力肯定他所傳的是真正的福音，其核心是救恩歷史劃時代的耶穌基督，其中心思想是說：人借律法不能稱義，惟獨依靠信仰基督，以信心和聖靈入門和成長。在保羅的神學思想框框裏，有幾個因素互相交織影響：基督論、救恩歷史和天啟末世神學的合併，以及其外邦人使徒的職分對於多元種族教會的看法。

保羅因著那在基督裏從父神而來的呼召和使徒職分（見一 13~16），全然改變了他對於神向外邦人所定的旨意之看法，以及改變了他以往那種「我們猶太人和他們外邦人」的態度（參弗二 12）。他認識到耶穌基督已經除去一切律法的咒詛，已經引進了救恩新時代，律法之監督時期已成為過去，外邦人如今可因相信耶穌基督而被接納為神的兒女，是名正言順的神的子民，是亞伯拉罕的後裔，有聖靈的印記（見三至四章）。敵對者的問題是，他們仍然以舊框框來看待外邦信徒，以為自己是特選子民，外邦信徒為次等公民，因此勉強他們除了相信耶穌基督之外，還需要接受猶太割禮以及一切律法之工，取上猶太人的身分和生活樣式。他們所進行的是猶太文化侵略。然而保羅清楚明白，正如整個救恩歷史當以耶穌基督的角度來理解（見三 15~25，四 1~7），律法遵守的原則也是如此（見五 1~六 10，尤其是六章 2 節之「基督的律法」）。在保羅的思想框框中，「猶太人／外邦人」的對分不再是基要或者有任何意義的了（三 28）；受割禮不受割禮也是無關重要了（五 5~6，六 15~16）。對保羅而言，在多元種族的基督教會中，對猶太律法的理解必須要有新的詮釋和嶄新的應用。保羅的最終關懷是耶穌基督和他的十字架（參一 4，二 19~20，六 14），從而看待何謂神的「新創造」（六 15），誰是新時代「神的以色列」（六 16）。

至於保羅的神學觀念，在加拉太書裏，他以不同詞彙來表達不同卻有關聯的觀念。它們包括：在基督裏或與主聯合（二 19~20，三 27~29，四 19，五 7、24，六 14）；因信稱義（二 16~17、21，三 24，五 5）；成為神的兒女（三 14、26、29，四 5~7、28、31）；領受聖靈（三 2、14，四 6，五 16~18、22~23、25）；救恩歷史和新時代（一 4，三 14、23~25，四 4，六 15~16）；救贖及十字架（二 19~20，三 13，四 5，五 1，六 14）；得蒙恩典（一 6，二 21，五 4）等。根據我們的觀察，這些不同的神學詞彙雖然指向不同重點，但它們卻是彼此關聯，互相牽扣。整個神學系統似乎是以「在基督裏」為核心和基礎，其他的觀念如同鑽石一般的不同切面。
有關保羅對猶太律法的各種意見，我們可以推論出甚麼關於保羅神學潛在的邏輯呢？以我們的淺見，森達士的基督論方案（見本書 1.2），認為保羅的邏輯是從解答到困境並不夠完整。同樣的，以人性軟弱的角度來推論，認為保羅的邏輯是從困境到解答也是有疑問（見二 15~21 有關律法之工的討論）。根據我們對這書以上的討論，關鍵不只是基督論，還包括教會論；基督徒群體的本質，外邦信徒和猶太信徒在基督裏平等的地位，外邦信徒如何在基督徒群體中被接納為完全會員等，組成了保羅對猶太律法不同的理解之關鍵[1]。因

1 我們的觀察跟 Hays, *Echoes*, pp.86, 104, 105~121 的見解類似，同樣

此，保羅跟那些在加拉太的猶太基督徒敵對者之間的爭論並不只是關於基督的本質，而是關於基督論在教會論之爭論扮演了怎樣的功能。由此可見保羅之基督論和教會論，以及救恩歷史和天啟末世論的相互交織。

另一方面，根據我們對加拉太書的理解，保羅的游說策略並不是要外邦信徒跟猶太信徒隔離，脫離猶太教之連續，而是鼓勵他們要彼此相容。保羅藉著對神的子民「以色列」的意義重新下定義，提出外邦信徒可以在這末世性的群體中被接納為完完全全的會員和平等的夥伴（尤其是三 14、26~29，四 6~7，六 15~16）。保羅那份強烈有關接納外邦信徒仍然為外邦人的信念，而不是成為皈依猶太教者或「敬畏神的人」，相信是植根於他在大馬色路上的呼召，深深意識到神選召他成為一個專門向「外邦人」傳揚福音的使徒。

根據加拉太書的來龍去脈，我們對於基督教起源可有一點認識。從保羅與其他猶太基督徒敵對者的爭論，可見早期基督教發展過程包含不同的神學系別。大體上，猶太基督教主要以耶穌基督為信仰中心，在宗教文化適應上仍然以猶太傳統為基本（這書之猶太敵對者便是其一）。但以使徒保羅為代表人物的外邦基督教則以基督為信仰和生活的中心，在文化適應上走多元化路線，自然容許希羅文化，而不是單以猶太文化為主導和規範。早期基督教運動因而不斷地調整，逐漸達成共識，形成大公基督教。有關第 1 世紀基督教多元化現象，見下圖之系列[2]。

認為保羅之釋經原則是關乎教會論。

2 參看 J. D. G. Dunn, *The Evidence for Jesus*, pp.79~100。

猶太教

主後 30 耶穌基督

早期基督徒

希臘話的猶太人　　耶京猶太基督徒

保羅　　保羅的「敵對者」

主後 60

馬可福音　希伯來書　彼得前書　雅各書

路加福音／使徒行傳　教牧書信　馬太福音

主後 90 約翰福音

第 2 世紀　諾斯底基督教　大公基督教　猶太基督教

拉比式猶太教

對於大公基督教會，新約的正典是包容性的，它包括了比較開明和激進的保羅書信，也接納了比較保守的猶太化著作，如馬太福音和雅各書。因此我們當留意到新約神學的統一性與多樣性，而不是勉強把它系統化、規律化，因而忽略不同著作之特性和重點。雖然新約正典包容了不同的教會行政結構、聖禮和禮儀、種族身分等，但在信仰核心的層面上，卻一致以耶穌基督為中心，強調以信心回應神為途徑。凡是在耶穌基督以外或以上加添任何要求都是偏離基本信仰，逐漸走向異端的途徑。同樣的，若是遠離對耶穌基督的基本認識，如神性和人性、道成肉身、受死、埋葬、復活，也是倒退至異端的境況。

簡寫表

AB	Anchor Bible
ABD	Anchor Bible Dictionary
ANRW	Aufstieg und Niedergang der römischen Welt
BAGD	A Greek-English Lexicon of the New Testament and Other Early Christian Literature
BDF	A Greek Grammar of the New Testament and Other Early Christian Literature
BJRL	Bulletin of the John Rylands University Library of Manchester
BNTC	Black's New Testament Commentary
BZNW	Beihefte zur Zeitschrift für die Neutestamentliche Wissenschaft
CBQ	Catholic Biblical Quarterly
DPL	Dictionary of Paul and His Letters
EDNT	Exegetical Dictionary of the New Testament
ExpT	Expository Times
GBS	Guides to Biblical Scholarship
GNTE	Guides to New Testament Exegesis
HTKNT	Herders theologischer Kommentar zum Neuen Testament
HTR	Harvard Theological Review
IDB	Interpreter's Dictionary of the Bible
IVPNTC	InterVarsity Press New Testament Commentary
JBL	Journal of Biblical Literature
JETS	Journal of the Evangelical Theological Society
JPL	Jesus, Paul and the Law: Studies in Mark and Galatians [Collection of essays with additional notes]
JSNT	Journal for the Study of the New Testament

JSNTS	Journal for the Study of the New Testament Supplement Series
JSNTSS	Journal for the Study of the New Testament Supplement Series
JTS	Journal of Theological Studies
LCL	Loeb Classical Library
LEC	Library of Early Christianity
MNTC	Moffatt New Testament Commentary
NICNT	The New International Commentary on the New Testament
NIDNTT	New International Dictionary of New Testament Theology
NIGTC	New International Greek Testament Commentary
NovT	Novum Testamentum
NTD	Das Neue Testament Deutsch
NTS	New Testament Studies
SBLDS	SBL Dissertation Series
SJT	Scottish Journal of Theology
SNTSMS	Society for New Testament Studies Monograph Series
TDNT	Theological Dictionary of the New Testament
THKNT	Theologische Handkommentar zum Neuen Testament
WBC	Word Biblical Commentary
WTJ	Westminster Theological Journal
WUNT	Wissenschaftliche Untersuchungen zum Neuen Testament
ZNW	Zeitschrift für die neutestamentliche Wissenschaft

參考書目

專論

Adams, E. *Constructing the World: A Study in Paul's Cosmological Language.* Edinburgh: T & T Clark, 2000.

Anderson, R.D. *Ancient Rhetorical Theory and Paul.* Contributions to Biblical Exegesis and Theology, 17; Kampen: Kok Pharos, 1996; revised edition; Leuven: Peeters, 1999.

Amadi-Azuogu, C.A. *Paul and the Law in the Arguments of Galatians: A Rhetorical and Exegetical Analysis of Galatians 2.14~6.2.* Bonner Biblische Beitrage 104; Weinheim: Beltz Athenaum, 1996.

Aristotle. *The "Art" of Rhetoric. [Ars rhetorica]* ET by J.H. Freese; LCL; Cambridge: Harvard University Press, 1926.

Aune, D.E. *New Testament in Its Literary Environment.* LEC 8; Philadelphia: Westminster, 1987.

Bachmann, M. *Sünder oder Übertreter: Studien zur Argumentation in Gal. 2.15ff.* WUNT 59; Tübingen: J.C.B. Mohr, 1992.

Barclay, J.M.G. *Obeying the Truth: A Study of Paul's Ethics in Galatians.* Edinburgh: T & T Clark, 1988.

Barrett, C.K. *Freedom and Obligation: A Study of the Epistle to the Galatians.* London: SPCK, 1985.

____. *The Epistle to the Romans.* BNTC; 2nd edition. London: A & C Black, 1991.

____. *Paul: An Introduction to His Thought.* London: Chapman, 1994.

Bassler, J.M. (ed), *Pauline Theology, volumn I.* Philadelphia: Augsburg Fortress, 1991.

Bauer, W. *Orthodoxy and Heresy in Earliest Christianity.* ET; Philadelphia: Fortress, 1971.

Baur, F.C. *Tübingen Zeitschrift für Theologie* 4 (1831): pp.61~206.

____. *Paul, the Apostle of Jesus Christ*. ET; 2 vols; London/Edinburgh: Williams & Norgate, 1875~76.

____. *The Church History of the First Three Centuries*. ET; 2 vols; London: Williams & Norgate, 1878~79.

Becker, J.C. *Paul: Apostle to the Gentiles*. ET; Louisville: WJK, 1993.

Becker, J.C., and U. Luz. *Die Briefe an die Galater, Epheser und Kolosser*. NTD 8/1; Gottingen: V& R, 1998.

Beker, J.C. *Paul the Apostle: The Triumph of God in Life and Thought*. Edinburgh: T & T Clark; Philadelphia: Fortress, 1980.

Betz, H.D. *Galatians: A Commentary on Paul's Letter to the Churches in Galatia*. Hermeneia; Philadelphia: Fortress, 1979.

Bligh, J. *Galatians*. London: St Paul, 1969.

Boers, H. *The Justification of the Gentiles: Paul's Letters to the Galatians and Romans*. Peabody: Hendrickson, 1994.

Bornkamm, G. *Paul*. ET; London: Hodder & Stoughton, 1971.

Bring, R. *Commentary on Galatians*. ET; Philadelphia: Muhlenberg, 1961.

Brinsmead, B.H. *Galatians: Dialogical Response to Opponents*. SBLDS 65; Chico: Scholars, 1982.

Brown, R.E. *An Introduction to the New Testament*. ABRL; NY: Doubleday, 1997.

Brown, R.E., and J.P. Meier. *Antioch and Rome*. London: Chapman, 1983.

Bruce, F.F. *Paul: Apostle of the Heart Set Free*. Exeter: Paternoster, 1977.

____. *Commentary on Galatians*. NIGTC; Grand Rapids: Eerdmans, 1982.

Buckel, J. *Free to Love: Paul's Defense of Christian Liberty in Galatians*. Louvain Theological & Pastoral Monographs 15; Louvain: Peeters, 1993.

Bultmann, R. *Theology of the New Testament*. ET; 2 vols; London: SCM, 1952, 1955.

Burton, E.D.W. *A Critical and Exegetical Commentary on the Epistle to the Galatians*. ICC; Edinburgh: T & T Clark, 1920.

Byrne, B. *Sons of God - Seed of Abraham: A Study of the Idea of the Sonship of God of All Christians Against the Jewish Background.* AB 83; Rome: Pontificial Biblical Institute, 1979.

Carson, D.A., D.J. Moo and L. Morris. *An Introduction to the New Testament.* Grand Rapids: Zondervan, 1992.

Chae, Daniel Jong-Sang. *Paul as Apostle to the Gentiles: His Apostolic Self-Awareness and Its Influence on the Soteriological Argument in Romans.* Paternoster Biblical and Theological Monographs; Carlisle: Paternoster, 1997.

Chow, John K.M.（周建文），*Patronage and Power: A Study of Social Newworks in Corinth.* JSNTSS 75; Sheffield: JSOT, 1992.

Ciampa, R.E. *The Presence and Function of Scripture in Galatians 1 and 2.* WUNT 2/102; Tübingen: Mohr Siebeck, 1998.

Cicero. *De inventione, De optimo genere oratorum, Topica.* ET by H.M. Hubbell; LCL; Cambridge: Harvard University Press, 1949.

____. *De oratore, De fato, Paradoxa stoicorum, De partitione oratoria.* ET by E.W. Sutton and H. Rackam; 2 vols; LCL; Cambridge: Harvard University Press, 1942.

[Pseudo-Cicero] *Rhetorica ad Herennium.* ET by H. Caplan; LCL; Cambridge: Harvard University Press, 1954.

Cole, R.A. *Galatians.* TNTC; 2nd edition; Leicester: IVP, 1989.

Collins J.J. (ed), *Apocalypse: The Morphology of a Genre, Semeia 14* (1979).

____. (ed), *Encyclopedia of Apocalyptism.* 3 vols; NY: Continuum, 1999~.

Conzelmann, H., and A. Lindemann. *Interpreting the New Testament.* ET; Peabody: Hendrickson, 1988.

Cosgrove, C.H. *The Cross and the Spirit: A Study in the Argument and Theology of Galatians.* Macon: Mercer University Press, 1988.

Cousar, C.B. *Galatians.* Interpretation; Atlanta: John Knox, 1982.

____. *A Theology of the Cross: The Death of Jesus in the Pauline Letters.* Minneapolis: Fortress, 1990.

Dahl, N.A. *Studies in Paul: Theology for the Early Christian Mission.* Minneapolis: Augsburg, 1977.

____. *Jesus the Christ: The Historical Origins of Christological Doctrine.* Edited by D.H. Juel. Minneapolis: Fortress, 1991.

Davies, W.D. *Torah in the Messianic Age and/or the Age to Come.* SBLMS 7; Philadelphia: SBL, 1952.

____. *Paul and Rabbinic Judaism: Some Rabbinic Elements in Pauline Theology.* 1948; 4th edition; London: SPCK, 1980.

DiCicco, M.M. *Paul's Use of Ethos, Pathos, and Logos in 2 Corinthias 10-13.* Mellen Biblical Press Series 31; Lewiston, NY - Queenston, Ontario - Lampeter, UK: Mellen, 1995.

Dodd, B. *Paul's Paradigmatic 'I': Personal Example as Literary Strategy.* JSNTS 177; Sheffield: SAP, 1999.

Donaldson, T.L. *Paul and the Gentiles: Remapping the Apostle's Convictional World.* Minneapolis: Fortress, 1997.

Donfried, K.P., and I.H. Marshall. *The Theology of the Shorter Pauline Letters.* NTT; Cambridge: CUP, 1993.

Doty, W.G. *Letters in Primitive Christianity.* Philadelphia: Fortress, 1973.

Drane, J.W. *Paul: Libertine or Legalist?* London: SPCK, 1975.

____. 《保羅》。（中譯本；台北：校園，1979）。

Duncan, G.S. *The Epistle of Paul to the Galatians.* MNTC; London: Hodder & Stoughton, 1934.

Dunn, J.D.G. *Baptism in the Holy Spirit.* SBT 2/15; London: SCM, 1970.

____. *Jesus and the Spirit.* London: SCM, 1975.

____. *Unity and Diversity in the New Testament: An Inquiry into the Character of Earliest Christianity.* London: SCM, 1977; 2nd edition, 1990.

____. *Christology in the Making: An Inquiry into the Origins of the Doctrine of the Incarnation.* London: SCM, 1980.

____. *The Evidence for Jesus.* London: SCM, 1985.

____. *Romans.* WBC; 2 vols; Dallas: Word, 1988.

____. *Jesus, Paul and the Law: Studies in Mark and Galatians.* (London: SPCK, 1990)

____. *The Parting of the Ways between Christianity and Judaism.* London: SCM, 1991.

____. *The Theology of Paul's Letter to the Galatians.* NTT; Cambridge: CUP, 1993.

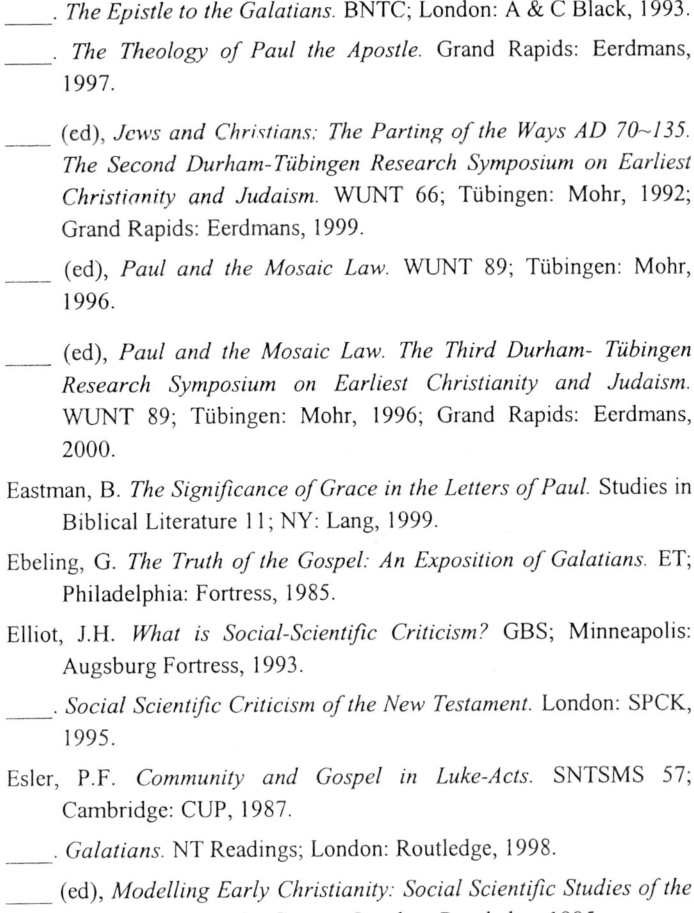

____. *The Epistle to the Galatians*. BNTC; London: A & C Black, 1993.

____. *The Theology of Paul the Apostle*. Grand Rapids: Eerdmans, 1997.

____ (ed), *Jews and Christians: The Parting of the Ways AD 70~135. The Second Durham-Tübingen Research Symposium on Earliest Christianity and Judaism*. WUNT 66; Tübingen: Mohr, 1992; Grand Rapids: Eerdmans, 1999.

____ (ed), *Paul and the Mosaic Law*. WUNT 89; Tübingen: Mohr, 1996.

____ (ed), *Paul and the Mosaic Law. The Third Durham- Tübingen Research Symposium on Earliest Christianity and Judaism*. WUNT 89; Tübingen: Mohr, 1996; Grand Rapids: Eerdmans, 2000.

Eastman, B. *The Significance of Grace in the Letters of Paul*. Studies in Biblical Literature 11; NY: Lang, 1999.

Ebeling, G. *The Truth of the Gospel: An Exposition of Galatians*. ET; Philadelphia: Fortress, 1985.

Elliot, J.H. *What is Social-Scientific Criticism?* GBS; Minneapolis: Augsburg Fortress, 1993.

____. *Social Scientific Criticism of the New Testament*. London: SPCK, 1995.

Esler, P.F. *Community and Gospel in Luke-Acts*. SNTSMS 57; Cambridge: CUP, 1987.

____. *Galatians*. NT Readings; London: Routledge, 1998.

____ (ed), *Modelling Early Christianity: Social Scientific Studies of the New Testament in Its Context*. London: Routledge, 1995.

Fee, G.D. *God's Empowering Presence: The Holy Spirit in the Letters of Paul*. Peabody: Hendrickson, 1994.

Fitzmyer, J.A. *The Acts of the Apostles*. Anchor Bible; NY: Doubleday, 1998.

Fung, R.Y.K. *The Epistle to the Galatians*. NICNT; Grand Rapids: Eerdmans, 1988.

Furnish, V.P. *Theology and Ethics in Paul*. Nashville: Abingdon, 1968.

____. *The Theology of the First Letter to the Corinthians.* NTT; Cambridge: CUP, 1999.

Garcia F. Martinez, *The Dead Sea Scrolls Translated.* Leiden: Brill, 1994.

Gaston, L. *Paul and the Torah.* Vancouver: University of British Columbia Press, 1987.

Gaventa, B.R. *From Darkness to Light: Aspects of Paul's Conversion in the New Testament.* Philadelphia: Fortress, 1986.

Georgi, D. *Remembering the Poor: The History of Paul's Collection for Jerusalem.* Nashville: Abingdon, 1992.

Greenlee, J.H. *A Concise Exegetical Grammar of New Testament Greek* 5th edition; Grand Rapids: Eerdmans, 1986.

Guthrie, D. *Galatians.* NCBC; London: Oliphants, 1969; Grand Rapids: Eerdmans, 1973.

Hansen, G.W. *Abraham in Galatians: Epistolary and Rhetorical Contexts.* JSNTS 29; Sheffield: JSOT, 1989.

____. *Galatians.* IVPNTC; Downers Grove: IVP, 1994.

Hanson, A.T. *Studies in Paul's Technique and Theology.* London: SPCK, 1974.

Harris, H. *The Tübingen School: A Historical and Theological Investigation of the School of F.C. Baur.* Oxford: Clarendon, 1975; Grand Rapids: Baker, 1990.

Hay, D.M. (ed). *Pauline Theology,* volume 2. Minneapolis: Fortress, 1993.

Hay, D.M., and E.E. Johnson (eds). *Pauline Theology,* volume 3. *Romans.* Minneapolis: Fortress, 1995.

Hays, R.B. *The Faith of Jesus Christ: An Investigation of the Narrative Structure of Galatians 3.1~4.11.* SBLDS 56; Chico: Scholars, 1983.

____. *Echoes of Scripture in the Letters of Paul.* New Haven/London: Yale University Press, 1989.

____. *The Moral Vision of the New Testament: Community, Cross, New Creation.* NY: HarperCollins, 1996.

Hellholm, D. (ed), *Apocalypticism in the Mediterranean World and the New East.* Tübingen: J.C.B. Mohr, 1983.

Hengel, M. *Judaism and Hellenism*. ET; 2 vols; London: SCM, 1974.

____. *The Son of God: The Origin of Christology in the History of Jewish-Hellenistic Religion*. ET; London: SCM, 1976.

____. *Crucifixion*. ET; London: SCM, 1977.

____. *The Pre-Christian Paul*. ET; London: SCM, 1991.

Hengel, M., and A.M. Schwemer. *Paul Between Damascus and Antioch: The Unknown Years*. Philadelphia: WJK, 1997.

Holmberg, B. *Paul and Power*. 1978; Philadelphia: 1980.

____. *Sociology and the New Testament: An Appraisal*. Minneapolis: Augsburg Fortress, 1990.

Hong, I.-G. *The Law in Galatians*. JSNTS 81; Sheffield: JSOT, 1993.

Hooker, M.D. *Continuity and Discontinuity: Early Christianity in Its Jewish Setting*. London: Epworth, 1986.

____. *From Adam to Christ*. Cambridge: CUP, 1990.

____. *Not Ashamed of the Gospel: New Testament Interpretation of the Death of Christ*. Carlisle: Paternoster, 1994.

Hove, R.W. *Equality in Christ? Galatians 3:28 and the Gender Dispute*. Wheaton: Crossway, 1999.

Howard, G. *Paul - Crisis in Galatia: A Study in Early Christian Theology*. SNTSMS 35; Cambridge: CUP, 1979.

Hübner, H. *Law in Paul's Thought*. ET; Edinburgh: T & T Clark, 1984.

Hultgren, A.J. *Paul's Gospel and Mission*. Philadelphia: Fortress, 1985.

Jeremias, J. *ZNW* 49 (1958): pp.152~153.

Jervis, L.A. *The Purpose of Romans: A Comparative Letter Structure Investigation*. JSNTS 55; Sheffield: JSOT, 1991.

____. *Galatians*. NTBC; Peabody: Hendrickson, 1999.

Jervis, L.A., and P. Richardson (eds). *Gospel in Paul: Studies on Corinthians, Galatians and Romans for Richard N. Longenecker*. JSNTSS 108; Sheffield: SAP, 1994.

Johnson, E.E., and D.M. Hay (eds). *Pauline Theology*, volume 4; *Looking Back, Pressing On*. SBL Symposium Series; Atlanta: Scholars, 1997.

Judge, E.A. *The Social Pattern of the Christian Groups in the First Century*. London: Tyndale, 1960.

Kasemann, E. *Commentary on Romans*. ET; London: SCM, 1980.

Keck, L.E. *Paul and His Letters*. 2nd edition; Philadelphia: Fortress, 1988.

Keesmaat, S.C. *Paul and His Story: (Re)Interpreting the Exodus Tradition*. JSNTS 181; Sheffield: SAP, 1999.

Kennedy, G.A. *The Art of Persuasion in Greece*. Princeton: Princeton UP, 1963.

____. *The Art of Persuasion in the Roman*. World *300BC~AD300*. Princeton: Princeton UP, 1972.

____. *New Testament Interpretation Through Rhetorical Criticism* . Chapel Hill: University of North Carolina, 1984.

Kern, P.H. *Rhetoric and Galatians: Assessing an Approach to Paul's Epistle*. SNTSMS 101; Cambridge: CUP, 1998.

Kim, S. *The Origin of Paul's Gospel*. WUNT 2/4; 2nd edition; Tübingen: J.C.B. Mohr, 1984.

Knox, J. *Chapters in a Life of Paul*. NY: Abingdon, 1950.

Koester, H. *Introduction to the New Testament*. 2 vols; Philadelphia: Fortress, 1982.

Kruse, C.G. *Paul, the Law and Justification*. Leicester: Apollos, 1996.

Kümmel, W.G. *Introduction to the New Testament*. ET; Nashville: Abingdon, 1975.

Kuula, K. *The Law, the Covenant and God's Plan*, vol. 1, *Paul's Polemical Treatment of the Law in Galatians*. Helsinki: Finnish Exegetical Society, 1999.

Lightfoot, J.B. *Saint Paul's Epistle to the Galatians*. 1865; 10th edition; London: MacMillan, 1890.

Lincoln, A.T. *Paradise Now and Not Yet: Studies in the Role of the Heavenly Dimension in Paul's Thought with Special Reference to His Eschatology*. SNTSMS 43; Cambridge: CUP, 1981.

Lincoln, A.T., and A.J.M. Wedderburn. *Theology of the Later Pauline Letters*. NTT; Cambridge: CUP, 1993.

Lohfink, G. *The Conversion of St. Paul: Narrative and History in Acts*. ET: Chicago: Franciscan Herald, 1976.

Longenecker, R.N. *Galatians*. WBC; Dallas: Word, 1990.

____ (ed). *The Road from Damascus: The Impact of Paul's Conversion on His Life, Thought, and Ministry.* Grand Rapids: Eerdmans, 1997.

Longenecker, B.W. *Eschatology and the Covenant: A Comparison of 4 Ezra and Romans 1~11.* JSNTS 57, Sheffield: JSOT, 1991.

____. *The Triumph of Abraham's God: The Transformation of Identity in Galatians.* Edinburgh: T&T Clark, 1998.

Lührmann, D. *Galatians: A Continental Commentary.* ET; Minneapolis: Fortress, 1992.

Lull, D. *The Spirit in Galatia: Paul's Interpretation of Pneuma as Divine Power.* SBLDS 49; Chico: Scholars, 1980.

Lyons, G. *Pauline Autobiography: Towards a New Understanding.* SBLDS 73; Atlanta: Scholars, 1985.

MacDonald, D.R. *There is No Male and Female: The Fate of a Dominical Saying in Paul and Gnosticism.* Philadelphia: Fortress, 1987.

Mack, B.L. *Rhetoric and the New Testament.* GBS; Minneapolis: Fortress, 1990.

Malina, B.J. *The New Testament World: Insights from Cultural Anthropology.* Louisville: WJK, 1993.

Marlherbe, A.J. *Ancient Epistolary Theorists.* Atlanta: Scholars, 1988.

Martin, R.P. *Carmen Christi: Philippians 2:5~11 in Recent Interpretation and in the Setting of Early Christian Worship.* Cambridge: CUP, 1967; Grand Rapids; Eerdmans, 1983.

Martyn, J.L. *Theological Issues in the Letters of Paul.* Edinburgh: T & T Clark; Nashville: Abingdon, 1997.

____. *Galatians.* AB; NY: Doubleday, 1997.

Matera, F.J. *Galatians.* Sacra Pagina; Collegeville: Michael Glazier, 1992.

____. *New Testament Ethics: The Legacies of Jesus and Paul.* Louisville: WJK, 1996.

McKnight, S. *A Light Among the Gentiles: Jewish Missionary Activity in the Second Temple Period.* Minneapolis: Fortress, 1991.

____. *Galatians.* IVP Application Commentary; Grand Rapids: Zondervan, 1995.

McLean, B.H. *The Cursed Christ: Mediterranean Expulsion Rituals and Pauline Soteriology.* JSNTS 126; Sheffield: SAP, 1996.

Meeks, W.A. *The First Urban Christians: The Social World of the Apostle Paul.* New Haven: Yale UP, 1983.

Meeks W.A., and R.L. Wilken. *Jews and Christians in Antioch in the First Four Centuries of the Common Era.* Missoula: Scholars, 1978.

Mijoga, H.B.P. *The Pauline Notion of Deeds of the Law.* San Francisco: International Scholars Publications, 1999.

Mills, W.E. *Galatians.* Bibliographies for Biblical Research, NT Series 9; Lewiston, NY: Mellen Biblical Press, 1999.

Moo, D.J. *Romans.* NICNT; Grand Rapids: Eerdmans, 1996.

Morland, K.A. *The Rhetoric of Curse in Galatians: Paul Confronts Another Gospel.* Emory Studies in Early Christianity 5; Atlanta: Scholars Press, 1995.

Morris, L，「肉體（Flesh）」，《聖經新辭典（上）》，頁 507。

Motyer, J.A.，「彌賽亞（Messiah）」，《聖經新辭典（下）》，頁 149~156。

Moule, C.F.D. *The Birth of the New Testament.* London: A & C Black, 1962; 3rd edition, 1981.

Munck, J. *Paul and the Salvation of Mankind.* ET; London: SCM; Richmond: Knox, 1959.

Murphy-O'Connor, J. *The Theology of the Second Letter to the Corinthians.* NTT; Cambridge: CUP, 1991.

____. *Paul the Letter-Writer: His Worlds, His Options, His Skills.* Collegeville: Liturgical, 1995.

____. *Paul: A Critical Life.* Oxford: OUP, Clarendon Press, 1996.

Mussner, F. *Der Galaterbrief.* HTKNT 5; 5th edition; Freiburg: Herder, 1988.

Neill S., and N.T. Wright, *The Interpretation of the New Testament 1861~1986.* Oxford: OUP, 1988.

Neufeld, V.H. *The Earliest Christian Confessions.* Grand Rapids: Eerdmans, 1963.

Neusner, J. *From Politics to Piety: The Emergence of Pharisaic Judaism.* Englewood Cliffs: Prentice-Hall, 1973.

Niebuhr, K.-W. *Heidenapostel aus Israel.* WUNT 62; Tübingen: J.C.B. Mohr, 1992.

Nock, A.D. *Conversion: The Old and New in Religion from Alexander the Great to Augustine of Hippo.* Oxford: OUP, 1933.

O'Brien, P.T. *Introductory Thanksgiving in the Letters of Paul.* Leiden: Brill, 1977.

Oepke, A. *Der Brief des Paulus an die Galater.* THKNT; 3rd edition edited by J. Rohde; Berlin: Evangelische, 1973.

Oldfather, W.A. *Epictectus: The Discourses as Reported by Arrian.* LCL; 2 vols; Cambridge: Harvard University Press, 1925.

O'Neill, J.C. *The Recovery of Paul's Letter to the Galatians.* London: SPCK, 1972.

Osiek, C. *What Are They Saying About the Social Setting of the New Testament?* NY: Paulist, 1992.

Packer, J.I.，「啟 示 （Revelation)」，《聖經新辭典（下）》，頁 485~488。

Perkins, P. *New Testament Introduction.* 1988; Bombay: St Paul, 1992.

Polaski, S.H. *Paul and the Discourse of Power.* Biblical Seminar 62; Sheffield: SAP, 1999.

Quintilian, *The Institutio oratoria of Quintilian.* ET by H.E. Butler; 4 vols; LCL; Cambridge: Harvard University Press, 1920~22.

Ramsey, W.M. *A Historical Commentary on St. Paul's Epistle to the Galatians.* London: Hodder, 1900.

Räisänen, H. *Paul and the Law.* WUNT 29; Tübingen: J.C.B. Mohr, 1983; 2nd edition, 1987.

____. *Jesus, Paul and Torah: Collected Essays.* JSNTS 43; Sheffield: JSOT, 1992.

Rhyne, C.T. *Faith Establishes the Law.* SBLDS 55; Chico: Scholars, 1981, pp.32~59.

Richardson, P. *Israel in the Apostolic Church.* SNTSMS 10; Cambridge: CUP, 1969.

Ridderbos, H. *The Epistle of Paul to the Churches of Galatia.* NICNT; ET; Grand Rapids: Eerdmans, 1953.

Riesner, R. *Paul's Early Period: Chronology, Mission Strategy, and Theology.* ET; Grand Rapids: Eerdmans, 1998.

Rohde, J. *Der Brief des Paulus an die Galater.* THKNT; Berlin: Evangelische, 1989.

Ropes, J.H. *The Singular Problem of the Epistle to the Galatians.* Cambridge, MA: Harvard, 1929.

Rowland, C. *The Open Heaven: A Study of Apocalyptic in Judaism and Early Christianity.* London: SPCK, 1982.

____. *Christian Origins: An Account of the Setting and Character of the Most Important Messianic Sect of Judaism.* London: SPCK, 1985.

Russell, D.S. *The Method and Message of Jewish Apocalyptic.* Philadelphia: Westminster, 1964.

Russell, W. *The Flesh/ Spirit Conflict in Galatians.* Lanham, NY: University Press of America, 1997.

Sanders, E.P. *Paul and Palestinian Judaism: A Comparison of Patterns of Religion.* London: SCM, 1977.

____. *Paul, the Law, and the Jewish People.* London: SCM, 1983.

____. *Jesus and Judaism.* London: SCM, 1985.

____. *Paul.* Past Masters; Oxford: OUP, 1991.

____. *Judaism: Practice and Belief: 63 BCE~66 CE.* London: SCM, 1992.

Sanders, J.T. *The New Testament Christological Hymns: Their Historical Religious Background.* Cambridge: CUP, 1971.

Schlier, H. *Der Brief an die Gatater.* MeyerK; 15th edition; Gottingen: V&R, 1989.

Schlier, W. *Paul and the Gnostics.* ET; Nashville: Abingdon, 1972.

Schnelle, U. *The History and Theology of the New Testament Writings.* ET; London: SCM, 1998.

Schoeps, H.J. *Paul: The Theology of the Apostle in the Light of Jewish Religious History.* ET; London: Lutterworth, 1961.

Schrage, W. *The Ethics of the New Testament.* ET; Philadelphia: Fortress, 1988.

Schreiner, T.R. *Interpreting the Pauline Epistles*. GNTE; Grand Rapids: Baker, 1990.

____. *The Law and Its Fulfillment: A Pauline Theology of Law*. Grand Rapids: Baker, 1993.

Schubert, P. *Form and Function of Pauline Thanksgiving*. Berlin: Topelmann, 1939.

Schurer, E. *The History of the Jewish People in the Age of Jesus Christ (175 BC~AD 135)*. Revised and edited by G. Vermes, M. Blackm, F. Millar, M. Goodman and P. Vermes; 4 vols; Edinburgh: T & T Clark, 1973~1987.

Schweitzer, A. *The Quest of the Historical Jesus*. ET; London: A & C Black, 1910.

____. *Paul and His Interpreters: A Critical History*. ET; London: A & C Black, 1912.

____. *The Mysticism of Paul the Apostle*. ET; London: A & C Black, 1931; London: John Hopkins University Press, 1998.

Scott, J.M. *Adoption as Sons of God*. WUNT 2.48; Tübingen: J.C.B. Mohr, 1992.

____. *Paul and the Nations: The Old Testament and Jewish Background of Paul's Mission to the Nations with Special Reference to the Destination of Galatians*. WUNT 84; Tübingen: J.C.B. Mohr, 1995.

Segal, A.F. *Paul the Convert: The Apostolate and Apostasy of Saul the Pharisee*. New Haven/London: Yale University Press, 1990.

Senior D., and C. Stuhlmueller, *The Biblical Foundations for Mission*. London: SCM, 1983.

Silva, M. *Explorations in Exegetical Method: Galatians as a Test Case*. Grand Rapids: Baker, 1996.

Smiles, V.M. *The Gospel and the Law in Galatia: Paul's Response to Jewish-Christian Separatism and the Threat of Galatian Apostasy*. Collegeville: Liturgical, 1998.

Spanje, T.E. *Inconsistency in Paul? A Critique of the Work of Heikki Räisänen*. WUNT 2/110; Tübingen: Mohr Siebeck, 1999.

Stambaugh J.E., and D.L. Balch. *The New Testament in Its Social Environment*. LEC 2; Philadelphia: Westminster, 1986.

Stendahl, K. *Paul Among Jews and Gentiles*. Philadelphia: Fortress, 1976.

Stott, J.R.W. *The Message of Galatians* BST; Leicester: IVP, 1968.

Stowers, S.K. *The Diatribe and Paul's Letter to the Romans*. SBLDS 57; Chico: Scholars, 1981.

____. *Letter Writing in Greco-Roman Antiquity*. LEC 5; Philadelphia: Westminster, 1986.

Stuhlmacher, P. *Reconciliation, Law, and Righteousness: Essays in Biblical Theology*. ET; Philadelphia: Fortress, 1986.

Taylor, N. *Paul, Antioch and Jerusalem: A Study in Relationships and Authority in Earliest Christianity*. JSNTS 66; Sheffield: JSOT, 1992.

Theissen, G. *The First Followers of Jesus: A Sociological Analysis of the Earliest Christianity*. ET; London: SCM, 1978.

____. *The Social Setting of Pauline Christianity*. ET; Edinburgh: T & T Clark, 1982.

____. *Psychological Aspects of Pauline Theology*. ET; Edinburgh: T & T Clark, 1987.

Thielman, F. *From Plight to Solution: A Jewish Framework for Understanding Paul's View of the Law in Galatians and Romans. NovTSup* 61; Leiden: Brill, 1989.

____. *Paul and the Law: A Contextual Approach*. Downers Grove: IVP, 1994.

Tidball, D. *An Introduction to the Sociology of the New Testament*. Exeter: Paternoster, 1983.

Trebilco, P.R. *Jewish Communities in Asia Minor*. Cambridge: CUP, 1991.

Trible, P. *Rhetorical Criticism*. Minneapolis: Fortress, 1994.

Vermes, G. *The Dead Sea Scrolls in English*. 4th edition; Sheffield: SAP, 1995.

Vouge, F. *An die Galater*. HNT 10; Tübingen: Mohr Siebeck, 1998~NTA 43, sec. 404.

Wagner, G. (ed). *An Exegetical Bibliography of the New Testament: Romans-Galatians.* Macon, GA: Mercer University Press, 1996, pp.275~379.

Wallace, R., and W. Williams. *The Three Worlds of Paul of Tarsus.* London: Routledge, 1998.

Watson, F. *Paul, Judaism and the Gentiles: A Sociological Approach.* SNTSMS 56; Cambridge: Cambridge University Press, 1986.

Watson, D.F., and A.J. Hauser. *Rhetorical Criticism of the Bible: A Comprehensive Bibliography with Notes on History and Method.* Leiden: Brill, 1994.

Wedderburn, A.J.M. *Baptism and Resurrection: Studies in Pauline Theology Against Its Graeco-Roman Background.* Tübingen: Mohr, 1987.

Weima, J.A.D. *Neglected Endings: The Significance of the Pauline Letter Closings.* JSNTSS 101; Sheffield: JSOT, 1994.

Westerholm, S. *Israel's Law and the Church's Faith: Paul and His Recent Interpreters.* Grand Rapids: Eerdmans, 1988.

____. *Preface to the Study of Paul.* Grand Rapids: Eerdmans, 1997.

White, J.L. *Light from Ancient Letters.* Philadelphia: Fortress, 1984.

Wiles, G.P. *Paul's Intercessory Prayers: The Significance of the Intercessory Prayer Passages in the Letters of St. Paul.* London: CUP, 1974.

Williams, S.K. *Galatians.* ANTC; Nashville: Abingdon, 1997.

Witherington, B. *Grace in Galatia: A Commentary on Paul's Letter to the Galatians.* Grand Rapids: Eerdmans, 1998.

____. *Paul's Narrative Thought World: The Tapestry of Tragedy and Triumph.* Louisville: WJK, 1994.

____. *The Paul Quest: The Renewed Search for the Jew of Tarsus.* Leicester: IVP, 1998.

Wright, N.T. *The Climax of the Covenant.* Edinburgh: T & T Clark, 1991.

____. *What Saint Paul Really Said.* Oxford: Lion, 1997.

Young, F. *The Theology of the Pastoral Letters.* NTT; Cambridge: CUP, 1994.

Ziesler, J.A. *Pauline Christianity*. Oxford: OUP, 1983; 2nd edition, 1990.

____. *The Epistle to the Galatians*. London: Epworth, 1992.

馮蔭坤著：《真理與自由：加拉太書註釋》。（香港：證道，1982；增訂版，1987）。

____：《羅馬書註釋（四冊）》。（台北：校園，1997, 1999, 2001---）。

周聯華著：《加拉太書・以弗所書》。（中文聖經註釋第 36 卷；香港：基文，1979）。

滕慕理著（M.C. Tenney）：《新約綜覽》。（中譯本；香港：宣道，1976）。

____：《基督徒自由憲章》。（中譯本；香港：天道，1979）。

黃鳳儀著：《新約導論》。（聖神修院神哲學院神學教材 4；香港：香港公教真理學會，1996）。

吳慧儀著：《談情說理話新約》。（21 課程系列；香港：更新資源，1998）。

黃錫木著：《新約研究透視》。（香港：基道，1999）。

李保羅著：《加拉太書結構式研經註釋》。（香港：天道，1997）。

古特立著（D. Guthrie）：《新約神學》。（中譯本；2 冊；台北：華神，1990~91）。

格蘭・奧斯邦著（G.R. Osborne）：《基督教釋經學手冊》。（中譯本；台北：華神，1999）。

蘇發聯著：《新約社會文化》。（香港：思高聖經學會，2000）。

巴克萊著（W. Barclay）：《基督的大使：保羅的生平和教訓》。（中譯本；香港：基文，1991）。

吳羅瑜編：《聖經新辭典》上下冊（*New Bible Dictionary* 中譯本；香港：中國神學研究院、天道出版社，1993、1996）。

文章

Achtemeier, P.J. "Apropos the Faith of/in Christ: A Response to Hays & Dunn." Pages 82~92 in *Pauline Theology, vol 4,* edited by D.M. Hay and E.E. Johnson. Atlanta: Scholars, 1997.

Agnew, F.H. "The Origin of the NT Apostle-Concept: A Review of Research." *JBL* 105 (1986) pp.75~96.

Amador, J.D.H. "Where Could Rhetorical Criticism (Still) Take Us?" *Currents in Research: Biblical Studies* 7 (1999) pp.195~222.

Arnold, C.E. "Returning to the Domain of the Powers: *Stoicheia* as Evil Spirits in Galatians 4.3, 9." *NovT* 38 (1996) pp.55~76.

Bahr, G.J. "The Subscriptions in the Pauline Letters." *JBL* 87 (1968) pp.27~41.

Barclay, J.M.G. "Mirror Reading a Polemical Letter. Galatians as a Test Case." *JSNT* 31 (1987) pp.73~93.

Barr, J. "Abba Isn't 'Daddy.'" *JTS* 39 (1988) pp.28~47.

Barrett, C.K. "The Allegory of Abraham, Sarah, and Hagar in the Argument of Galatians." Pages 154~170 in *Essays on Paul.* London: SPCK, 1982.

Barton, S.C. "Social-Scientific Approaches to Paul." *DPL* pp.892~900.

____. "Historical Criticism and Social-Scientific Perspectives in New Testament Study." Pages 61~89 in *Hearing the New Testament: Strategies for Interpretation.* Edited by J.B. Green. Grand Rapids: Eerdmans, 1995.

Beale, G.K. "Peace and Mercy Upon the Israel of God: The Old Testament Background of Galatians 6.16b." *Biblica* 80 (1999) pp.204~223.

Becker, U. "Gospel." *NIDNTT* 2.110~115.

Betz, H.D. "The Literary Composition and Function of Paul's Letter to the Galatians." *NTS* 21 (1975) pp.353~379.

____. "Galatians, Epistle to the." *ABD* (1992) 2:872~875.

____. "Paul." *ABD* (1992) 5:186~201.

Boucher, M. "Some Unexplored Parallels to 1 Cor. 11.11~12 and Gal. 3.28: The New Testament on the Role of Women." *CBQ* 31 (1969) pp.50~58.

Braswell, J.P. "'The Blessing of Abraham' Versus 'The Curse of the Law': Another Look at Gal 3.10~13." *WTJ* 53 (1991) pp.73~91.

Bruce, F.F. "Paul in Acts and Letters." *DPL* (1993) pp.679~692.

Bühner, J.-A. "ἀπόστολος." *EDNT* 1.142~146.

Bundrick, D.R. "*Ta Stoicheia tou Kosmou.* (Gal 4.3)" *JETS* 34 (1991) pp.353~364.

Büschsel, F. "ἀλληγορέω." *TDNT* 1.260~263.

Callan, T. "Pauline Midrash: The Exegetical Background of Galatians 3.19b." *JBL* 99 (1980) pp.549~567.

Campbell, W.S. "Israel." *DPL* (1993) pp.441~446.

Caneday, A. "'Redeemed from the Curse of the Law': The Use of Deut 21.22~23 in Gal 3.13." *Trinity Journal* 10 (1989) p.185~209.

Carlson, R.P. "The Role of Baptism in Paul's Thought." *Interpretation* 47 (1993) pp.255~266.

Carroll, J.T., and J.B. Green. "'Nothing but Christ Crucified': Paul's Theology of the Cross." Pages 113~132 in *The Death of Jesus in Early Christianity*. Peabody: Hendrickson, 1995.

Chamblin, K. "Revelation and Tradition in the Pauline *Euangelion*." *WTJ* 48 (1986) pp.1~16.

Charlesworth, J.H. "A Prolegomena to a New Study of the Jewish Background of the Hymns and Prayers in the New Testament." *Journal of Jewish Studies* 33 (1982) pp.265~285.

Cohen, S.J.D. "Crossing the Boundary and Becoming a Jew." *HTR* 82 (1989) pp.13~33.

Cook, D. "The Prescript as Programme in Galatians." *JTS* 43 (1992) pp.511~519.

Cosgrove, C.H. "The Law Has Given Sarah No Children (Gal 4.21-30)." *NovT* 29 (1987) pp.219~235.

____. "Arguing like a Mere Human Being: Galatians iii.15~18 in Rhetorical Perspectives." *NTS* 34 (1988) pp.536~549.

Cranfield, C.E.B. "'The Works of the Law' in the Epistle to the Romans." *JSNT* 43 (1991) pp.89~101.

Cranford, M. "The Possibility of Perfect Obedience: Paul and an Implied Premise in Galatians 3.10 and 5.3." *NovT* 36 (1994) pp.242~258.

Dahl, N.A. "Der Name Israel: Zur Auslegung von Gal 6.16." *Judaica* 6 (1950) pp.161~170.

____. "Letter." Pages 538~541 in *IDB, supplementary volume* Nashville: Abingdon: 1976.

Das, A.A. "Another Look at ἐὰν μή in Galatians 2.16." *JBL* 119 (2000) pp.529~539.

Davies, W.D. "Paul and the People of Israel." *NTS* 24 (1977~78) pp.4~39.

Davies, W.D., P.W. Meyer and D.E. Aune. "Review: *Galatians* by Hans Dieter Betz." *Religious Studies Review* 7 (1981) pp.310~328.

Davis, B.S. "The Meaning of προεγράφη in the Context of Galatians 3.1." *NTS* 45 (1999) pp.194~212.

De Lacey, D.R. "Paul in Jerusalem." *NTS* 20 (1983) pp.82~86.

____. "Gentiles." *DPL* (1993) pp.335~339.

Delling, G. "στοιχεῖον." *TDNT* 7:670~687.

Dodd, B. "Christ's Slave, People Pleasers and Galatians 1.10." *NTS* 42 (1996) pp.90~104.

Dodd, C.H. "Ennomos Christou." [1953] Pages 134~148 in *More New Testament Essays*. Manchester, 1968.

Donaldson, T.L. "The 'Curse of the Law' and the Inclusion of the Gentiles: Galatians 3.13~14." *NTS* 32 (1986) pp.94~112.

____. "Zealot and Convert: The Origin of Paul's Christ-Torah Antithesis." *CBQ* 51 (1989) pp.655~682.

Dunn, J.D.G. "The Birth of a Metaphor - Baptized in Spirit." *ExpT* 89 (1977~78) pp.134~138, 173~175.

____. "The Relationship Between Paul and Jerusalem According to Galatians 1 and 2." *JPL* (1982) pp.108~128.

____. "The New Perspective on Paul." *BJRL* 65 (1983) pp.95~122; *JPL*, pp.183~214.

____. "The Incident at Antioch (Gal. 2.11~18)." *JPL* (1983) pp.129~182.

____. "Works of the Law and the Curse of the Law (Galatians 3.10~14)." *JPL* (1985) pp.218~241.

____. "'A Light to the Gentiles': The Significance of the Damascus Road Christophany for Paul." *JPL* (1987) pp.89~107.

____. "The Theology of Galatians." Pages 125~146 in *Pauline Theology*, volume I. Edited by J.M. Bassler; Philadelphia: Augsburg Fortress, 1991.

____. "Yet Once More – 'The Works of the Law'. A Response." *JSNT* 46 (1992) pp.99~117.

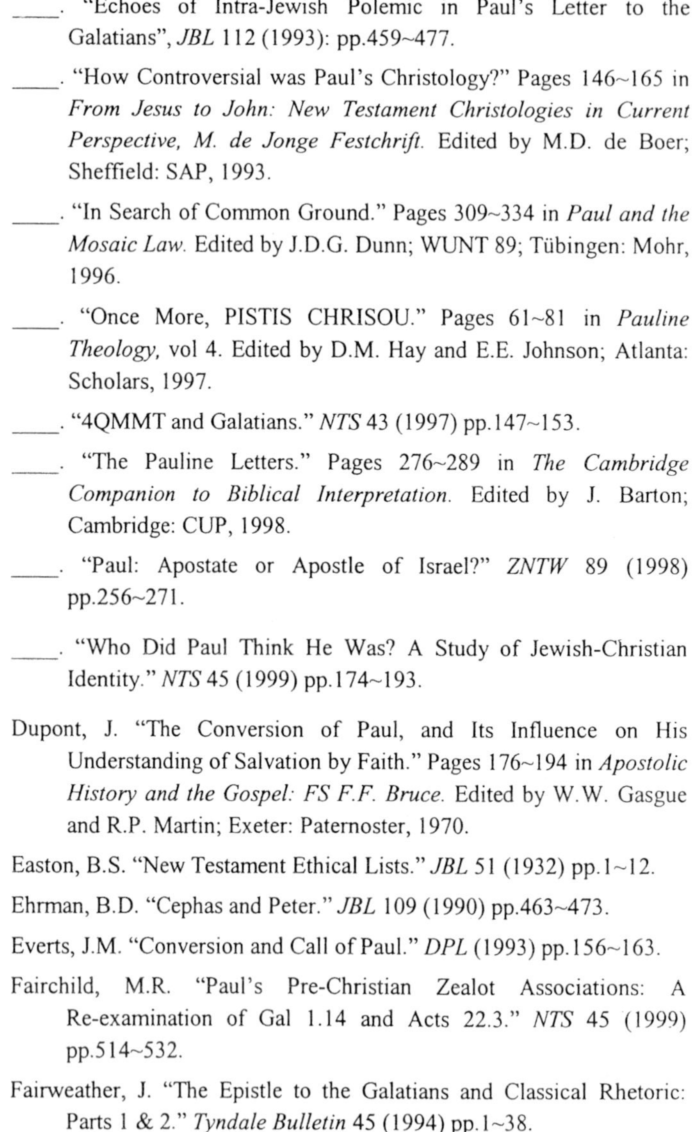

____. "Echoes of Intra-Jewish Polemic in Paul's Letter to the Galatians", *JBL* 112 (1993): pp.459~477.

____. "How Controversial was Paul's Christology?" Pages 146~165 in *From Jesus to John: New Testament Christologies in Current Perspective, M. de Jonge Festchrift.* Edited by M.D. de Boer; Sheffield: SAP, 1993.

____. "In Search of Common Ground." Pages 309~334 in *Paul and the Mosaic Law.* Edited by J.D.G. Dunn; WUNT 89; Tübingen: Mohr, 1996.

____. "Once More, PISTIS CHRISOU." Pages 61~81 in *Pauline Theology,* vol 4. Edited by D.M. Hay and E.E. Johnson; Atlanta: Scholars, 1997.

____. "4QMMT and Galatians." *NTS* 43 (1997) pp.147~153.

____. "The Pauline Letters." Pages 276~289 in *The Cambridge Companion to Biblical Interpretation.* Edited by J. Barton; Cambridge: CUP, 1998.

____. "Paul: Apostate or Apostle of Israel?" *ZNTW* 89 (1998) pp.256~271.

____. "Who Did Paul Think He Was? A Study of Jewish-Christian Identity." *NTS* 45 (1999) pp.174~193.

Dupont, J. "The Conversion of Paul, and Its Influence on His Understanding of Salvation by Faith." Pages 176~194 in *Apostolic History and the Gospel: FS F.F. Bruce.* Edited by W.W. Gasgue and R.P. Martin; Exeter: Paternoster, 1970.

Easton, B.S. "New Testament Ethical Lists." *JBL* 51 (1932) pp.1~12.

Ehrman, B.D. "Cephas and Peter." *JBL* 109 (1990) pp.463~473.

Everts, J.M. "Conversion and Call of Paul." *DPL* (1993) pp.156~163.

Fairchild, M.R. "Paul's Pre-Christian Zealot Associations: A Re-examination of Gal 1.14 and Acts 22.3." *NTS* 45 (1999) pp.514~532.

Fairweather, J. "The Epistle to the Galatians and Classical Rhetoric: Parts 1 & 2." *Tyndale Bulletin* 45 (1994) pp.1~38.

____. "The Epistle to the Galatians and Classical Rhetoric: Part 3." *Tyndale Bulletin* 45 (1994) pp.213~243.

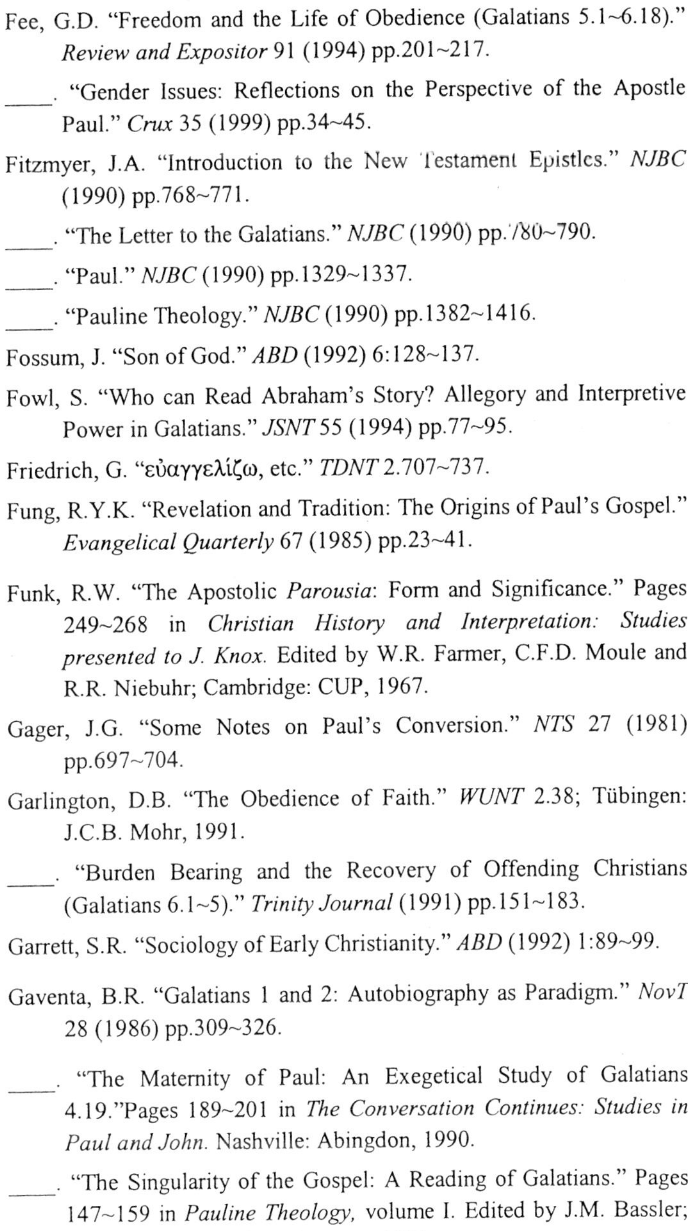

Fee, G.D. "Freedom and the Life of Obedience (Galatians 5.1~6.18)." *Review and Expositor* 91 (1994) pp.201~217.

____. "Gender Issues: Reflections on the Perspective of the Apostle Paul." *Crux* 35 (1999) pp.34~45.

Fitzmyer, J.A. "Introduction to the New Testament Epistles." *NJBC* (1990) pp.768~771.

____. "The Letter to the Galatians." *NJBC* (1990) pp.780~790.

____. "Paul." *NJBC* (1990) pp.1329~1337.

____. "Pauline Theology." *NJBC* (1990) pp.1382~1416.

Fossum, J. "Son of God." *ABD* (1992) 6:128~137.

Fowl, S. "Who can Read Abraham's Story? Allegory and Interpretive Power in Galatians." *JSNT* 55 (1994) pp.77~95.

Friedrich, G. "εὐαγγελίζω, etc." *TDNT* 2.707~737.

Fung, R.Y.K. "Revelation and Tradition: The Origins of Paul's Gospel." *Evangelical Quarterly* 67 (1985) pp.23~41.

Funk, R.W. "The Apostolic *Parousia*: Form and Significance." Pages 249~268 in *Christian History and Interpretation: Studies presented to J. Knox*. Edited by W.R. Farmer, C.F.D. Moule and R.R. Niebuhr; Cambridge: CUP, 1967.

Gager, J.G. "Some Notes on Paul's Conversion." *NTS* 27 (1981) pp.697~704.

Garlington, D.B. "The Obedience of Faith." *WUNT* 2.38; Tübingen: J.C.B. Mohr, 1991.

____. "Burden Bearing and the Recovery of Offending Christians (Galatians 6.1~5)." *Trinity Journal* (1991) pp.151~183.

Garrett, S.R. "Sociology of Early Christianity." *ABD* (1992) 1:89~99.

Gaventa, B.R. "Galatians 1 and 2: Autobiography as Paradigm." *NovT* 28 (1986) pp.309~326.

____. "The Maternity of Paul: An Exegetical Study of Galatians 4.19."Pages 189~201 in *The Conversation Continues: Studies in Paul and John*. Nashville: Abingdon, 1990.

____. "The Singularity of the Gospel: A Reading of Galatians." Pages 147~159 in *Pauline Theology*, volume I. Edited by J.M. Bassler; Philadelphia: Augsburg Fortress, 1991.

____. "Our Mother St. Paul: Toward the Recovery of a Neglected Theme." *Princeton Seminary Bulletin* 17 (1996) pp.29~44.

____. "Is Galatians Just a 'Guy Thing'? A Theological Reflection." *Interpretation* 54 (2000) pp.267~278.

Goddard, A.J., and S.A. Cummins. "Ill or Ill-Treated? Conflict and Persecution as the Context of Paul's Original Ministry in Galatia (Galatians 4.12~20)." *JSNT* 52 (1993) pp.93~126.

Gordon T.D. "The Problem at Galatia." *Interpretation* 41 (1987) pp.32~43.

____. "A Note on PAIDAGWGOS in Galatians 3.24~25." *NTS* 35 (1989) pp.150~154.

Green, J.B. "Crucifixion." *DPL* (1993) pp.197~199.

Gundry-Volf, J.M. "Christ and Gender: A Study of Difference and Equality in Galatians 3.28." Pages 439~477 in *Jesus Christus als die Mitte der Schrift.* Edited by C. Landmesser, H.-J. Eckstein, and H. Lichtenberger; BZNW 86; Berlin: de Gruyter, 1997.

Hafemann, S.J. "Paul and His Interpreters." *DPL* (1993) pp.666~679.

Hall, R.G. "The Rhetorical Outline for Galatians: A Reconsideration." *JBL* 106 (1987) pp.277~287.

____. "Arguing Like an Apocalypse: Galatians and an Ancient *Topos* Outside the Greco-Roman Rhetorical Tradition." *NTS* 42 (1996) pp.434~453.

Hansen, G.W. "Galatians, Letter to the." *DPL* (1993) pp.323~334.

____. "Rhetorical Criticism." *DPL* (1993) pp.822~826.

Hays, R.B. "Christology and Ethics in Galatians: The Law of Christ." *CBQ* 49 (1987) pp.268~290.

____. "Justification." *ABD* (1992) 3:1129~1133.

____. "Galatians." Pages 2182~2183 in *The HarperCollins Study Bible.* NY: HarperCollins, 1993.

____. "PISTIS and Pauline Christology: What is at Stake?" Pages 35~60 in *Pauline Theology,* vol 4. Edited by D.M. Hay and E.E. Johnson; Atlanta: Scholars, 1997.

Hedrick, C.W. "Paul's Conversion/Call. A Comparative Analysis of the Three Reports in Acts." *JBL* 100 (1981) pp.415~432.

Holmberg, B. "Jewish *versus* Christian Identity in the Early Church." *Revue Biblique* 105 (1998) pp.397~425.

Holtz, T. "Der antiochenische Zwischenfall (Galater 2.11~14)." *NTS* 32 (1986) pp.344~361.

Hooker, M.D. "PISTIS CRISTOU." *NTS* 35 (1989) pp.321~342.

Jewett, R. "The Agitators and the Galatian Congregation." *NTS* 17 (1970~71) pp.198~212.

Kahl, B. "No Longer Male: Masculinity Struggles Behind Gal 3.28." *JSNT*.

Kilgallen, J.J. "The Strivings of the Flesh … (Galatians 5.17)." *Biblica* 80 (1999) pp.113~114.

Kok, Ezra H.S.(郭漢成)"The Truth of the Gospel: A Study in Galatians 2.15~21. " Hong Kong: Alliance Bible Seminary, *JDDS* 7 (2000).

Lambrecht, J. "Paul's Reasoning in Galatians 2.11~21." Pages 53~74 in *Paul and the Mosaic Law*. Edited by J.D.G. Dunn; WUNT 89; Tübingen: J.C.B. Mohr, 1996.

____. "The Right Things You Want to Do. A Note on Galatians 5.17d." *Biblica* 79 (1998) pp.515~524.

Lategan, B. "Is Paul Defending His Apostleship in Galatians?" *NTS* 34 (1988) pp.411~430.

Longenecker, R.N. "The Nature of Paul's Early Eschatology." *NTS* 31 (1985) pp.85~95.

Longenecker, B.W. "Defining the Faithful Character of the Covenant Community: Galatians 2.15~21 and Beyond: A Response to Jan Lambrecht." Pages 75~97 in *Paul and the Mosaic Law*. Edited by J.D.G. Dunn; WUNT 89; Tübingen: J.C.B. Mohr, 1996.

____. "'Until Christ is Formed in You': Suprahuman Forces and Moral Character in Galatians." *CBQ* 61 (1999) pp.92~108.

Lull, D. "'The Law was our Pedagogue': A Study in Galatians 3.19~25." *JBL* 105 (1986) pp.481~498.

Lutter, A.B. "Gospel." *DPL* (1993) pp.369~372.

Marlherbe, A.J. "*Me Genoito* in the Diatribe and Paul." *Harvard Theological Review* 73 (1980) pp.231~240.

Marshall, I.H. "Orthodoxy and Heresy in Earlier Christianity." *Themelios* 2 (1976) pp.5~14.

Martin, T. "Apostasy to Paganism: The Rhetorical Stasis of the Galatian Controversy." *JBL* 114 (1995) pp.437~461.

____. "Pagan and Judeo-Christian Time-Keeping Schemes in Gal 4.10 and Col 2.16." *NTS* 42 (1996) pp.105~119.

Martyn, J.L. "A Law-Observant Mission to Gentiles: The Background of Galatians." [1983] *SJT* 38 (1985) pp.307~324.

____. "Apocalyptic Antinomies in Paul's Letter to the Galatians." *NTS* 31 (1985) pp.412~420.

____. "The Covenant of Hagar and Sarah." Pages 160~192 in *Faith and History, P.W. Meyer Festschrift.* Edited by J.T. Carroll, et al; Atlanta: Scholars, 1991.

____. "Events in Galatian: Modified Covenantal Nomism Versus God's Invasion of the Cosmos in the Singular Gospel: A Response to J.D.G. Dunn and B.R. Gaventa."Pages 160~179 in *Pauline Theology,* volume 1. Edited by J.M. Bassler; Minneapolis: Fortress, 1991.

____. "The Apocalyptic Gospel in Galatians." *Interpretation* 54 (2000) pp.246~266.

Mason, S. "Paul, Classical Anti-Jewish Polemic, and the Letter to the Romans." Pages 181~223 in *Self-Definition and Self-Discovery in Early Christianity: A Study in Changing Horizons.* Edited by D.J. Hawkin and T. Robinson; Lewiston, NY: Edwin Mellen Press, 1990.

Matera, F.J. "The Culmination of Paul's Argument to the Galatians: Gal 5.1~6.17." *JSNT* 32 (1988) pp.79~91.

____. "Galatians in Perspective." *Interpretation* 54 (2000) pp.233~245.

Matera, N.J. "The Vice Lists of the Pastoral Epistles." *CBQ* 36 (1974) pp.203~219.

McGrath, A.E. "Justification." *DPL* (1993) pp.517~523.

McKenzie, J.L. "Aspects of Old Testament Thought." *NJBC* (1990) p.1284~1315.

McKnight, S. "Collection for the Saints." *DPL* (1993) pp.143~147.

____. "The Ego and 'I': Galatians 2.19 in New Perspective." *Word & World* 20 (2000) pp.272~280.

McLean, B.H. "Galatians 2.7~9 and the Recognition of Paul's Apostolic Status at the Jerusalem Conference: A Critique of G. Luedemann's Solution." *NTS* 37 (1991) pp.67~76.

Meeks, W.A. "The Image of the Androgyne: Some Uses of a Symbol in Earliest Christianity." *History of Religions* 13 (1974) pp.165~208.

____. "Social Functions of Apocalyptic Language in Pauline Christianity." Pages 687~705 in *Apocalypticism in the Mediterranean World and the New East.* Edited by D. Hellholm; Tübingen: J.C.B. Mohr, 1983.

Menoud, P.H. "Revelation and Tradition: The Influence of Paul's Conversion on his Theology." *Interpretation* 7 (1953) pp.131~141.

Merk, O. "Der Beginn der Paranese im Galaterbrief." *ZNW* 60 (1969) pp.83~104.

Mitchell, S. "Population and Land in Roman Galatia." *ANRW* II.7.2 (1980) pp.1053~1081.

____. "Galatia." *ABD* (1992) 2:870~872.

Moo, D.J. 〈羅馬書〉。《證主 21 世紀聖經新釋》。（香港：證主，1999），頁 1173~1221。

Muilenburg, J. "From Criticism and Beyond." *JBL* 88 (1969) pp.1~18.

Negev, A. "The Nabateans and the Province of Arabia." *ANRW* (1977) 2.8:520~686.

Neusner, J. "'Covenantal Nomism'. The Piety of Judaism in the First Century." Pages 9~34 in *Major Trends in Formative Judaism*, 3rd series, *The Three Stages in the Formation of Judaism.* BJS 99; Chico: Scholars, 1985.

Neyrey, J.H. "Bewitched in Galatia: Paul and Cultural Anthropology." *CBQ* 50 (1988) pp.72~100.

O'Brien, P.T. "Church." *DPL* (1993) pp.123~131.

____. "Letters, Letter Forms." *DPL* (1993) pp.550~553.

Onesti, K.L., and M.T. Brauch. "Righteousness, Righteousness of God." *DPL* (1993) pp.827~837.

Parunak, H. Van Dyke "Dimensions of Discourse Structure: A Multidimensional Analysis of the Components and Transitions of Paul's Letter to the Galatians." Pages 207~239 in *Linguistics and*

New Testament Interpretation: Essays on Discourse Analysis. Edited by D.A. Black with K. Barnwell and S. Levinsohn; Nashville: Broadman, 1992.

Quarles, C.L. "The Soteriology of R. Akiba and E.P. Sanders' *Paul and Palestinian Judaism.*" *NTS* 42 (1996) pp.185~195.

Räisänen, H. "Galatians 2.16 and Paul's Break with Judaism." *NTS* 31 (1985) pp.543~553.

Reicke, B. "The Law and This World According to Paul: Some Thoughts Concerning Gal 4.1~11." *JBL* 70 (1951) pp.259~276.

Rengstorf, K.H. "ἀπόστολος." *TDNT* 1.437~443.

Russell, W. "Who Were Paul's Opponents in Galatia?" *Bibliotheca Sacra* 147 (1990) pp.329~350.

Sampley, J.P. "'Before God, I do not lie' (Gal 1.20): Paul's Self-Defense in the Light of Roman Legal Praxis." *NTS* 23 (1976~77) pp.477~482.

Sanders, E.P. "Jesus, Paul and Judaism." *ANRW* II. 25.1 (1982) pp.390~450.

____. "Jewish Association with Gentiles and Galatians 2.11~14." Pages 170~188 in *Studies in Paul and John: In Honor of J.L. Martyn.* Edited by R.T. Fortna and B.R. Gaventa; Nashville: Abingdon, 1990.

Schreiner, T.R. "'Works of the Law' in Paul." *NovT* 33 (1991) pp.217~244.

____. "Works of the Law." *DPL* (1993) pp.975~979.

Schuermann, H. "'Das Gesetz des Christus' (Gal 6.2): Jesus Verhalten und Wort als letztgueltige sittliche Norm nach Paulus." Pages 282~300 in *Neues Testament und Kirche, R. Schnackenburg Festchrift.* Edited by J. Gnilka; Freiburg: Herder, 1974.

Scott, J.M. "Adoption, Sonship." *DPL* (1993) pp.15~18.

Scroggs, R. "Salvation History." Pages 212~226 in *Pauline Theology,* volume 1. Edited by J.M. Bassler; Minneapolis: Fortress, 1991.

Seifrid, M.A. "In Christ." *DPL* pp.433~436.

Sherk, R.K. "Roman Galatia: The Governors from 25 BC to AD 114." *ANRW* II.7.2 (1980) pp.954~1052.

Silva, M.〈加拉太書〉。《證主 21 世紀聖經新釋》。（香港：證主，1999），頁 1265~1278。

Smit, J. "The Letter of Paul to the Galatians: A Deliberative Speech." *NTS* 35 (1989) pp.1~26.

Stanley, C.D. "'Under a Curse': A Fresh Reading of Galatians 3.10~14." *NTS* 36 (1990) pp.481~511.

Stanton, G. "The Law of Moses and the Law of Christ: Galatians 3.1~6.2." Pages 99~116 in *Paul and the Mosaic Law.* Edited by J.D.G. Dunn; WUNT 89; Tübingen: J.C.B. Mohr, 1996.

Stecker, G. "εὐαγγέλιον." *EDNT* 2.70~74.

Stein, R.H. "The Relationship of Gal 2.1~10 and Acts 15.1~35: Two Neglected Arguments." *JETS* 17 (1974) pp.239~242.

Stendahl, K. "The Apostle Paul and the Introspective Conscience of the West." *Harvard Theological Review* 56 (1963) pp.199~215.

Stowers, S.K. "The Diatribe." Pages 71~83 in *Greco-Roman Literature and the New Testament.* Edited by D.E. Aune; Atlanta: Scholars, 1988.

Stuhlmacher, P. "The Pauline Gospel." Pages 149~172 in *The Gospel and the Gospels.* Edited by P. Stuhlmacher; Grand Rapids: Eerdmans, 1991.

Suggs, M.J. "The Christian Two Ways Tradition: Its Antiquity, Form and Function." Pages 60~74 in *Studies in New Testament and Early Christian Literature.* Edited by D.E. Aune; Leiden: Brill, 1972.

Taylor, N. "Paul's Apostolic Legitimacy: Autobiographical Reconstruction on Galatians 1.11~2.14." *Journal of Theology for South Africa* 83 (1993) pp.63~77.

Trebilco, P.R. "Itineraries, Travel Plans, Journeys, Apostolic Parousia." *DPL* (1993) pp.446~456.

Walter, N. "ἔθνος." *EDNT* 1:382~383.

Watson, D.F. "Diatribe." *DPL* (1993) pp.213~214.

____. "Rhetorical Criticism of the Pauline Epistle Since 1975." *Currents in Research* 3 (1995) pp.219~248.

Weima, J.A.D. "Gal 6.11~18: A Hermeneutical Key to the Galatian Letter." *Calvin Theological Journal* 28 (1993) pp.90~107.

White, J.L. "Introductory Formulae in the Body of the Pauline Letter." *JBL* (1971) pp.91~97.

____. "Saint Paul and the Apostolic Letter Tradition." *CBQ* 45 (1983) pp.433~444.

____. "New Testament Epistolary Literature in the Framework of Ancient Epistolography." *ANRW* II.25.2 (1984) pp.1730~1756.

____. "Ancient Greek Letters." Pages 85~105 in *Greco-Roman Literature and the New Testament: Selected Forms and Genres.* Edited by D.E. Aune; Atlanta: Scholars, 1988.

Wilckens, U. "στῦλος." *TDNT* 7:732~736.

____. "Die Bekehrung des Paulus als religionsgeschichtliches Problem." Pages 11~32 in *Rechtfertigung als Freiheit: Paulusstudien.* Neukirchen-Vluyn: Neukirchener, 1974.

Williams, S.K. "Justification and the Spirit in Galatians." *JSNT* 29 (1987) pp.91~100.

____. "Promise in Galatians: A Reading of Paul's Reading of Scripture." *JBL* 107 (1988) pp.709~720.

____. "The Hearing of Faith: AKOE PISTEOS in Galatians 3." *NTS* 35 (1989) pp.82~93.

Witherington, B. "Rite and Rights for Women-Galatians 3.28." *NTS* 27 (1980~81) pp.593~604.

Wood, H.G. "The Conversion of Paul: Its Nature, Antecedents and Consequences." *NTS* 1 (1954~55) pp.276~282.

Wright, N.T. "Gospel and Theology in Galatians." Pages 222~239 in *Gospel in Paul: Studies on Corinthians, Galatians and Romans for Richard N. Longenecker.* Edited by L.A. Jervis and P. Richardson; JSNTSS 108; Sheffield: SAP, 1994.

Wright, N.T. "Romans and the Theology of Paul." Pages 30~67 in *Pauline Theology,* vol 3. Edited by D.M. Hay and E.E. Johnson; Minneapolis: Fortress, 1995.

____. "Paul, Arabia and Elijah (Galatians 1.17)." *JBL* 115 (1996) pp.683~692.

Young, N.H. "Paidagogos: The Social Setting of a Pauline Metaphor." *NovT* 29 (1987) pp.150~176.

周永健著：〈舊約彌賽亞的預言〉。《承先啟後的事奉》。（香港：中神，1990），頁 233~250。

經文索引

聖經經文

典外文獻經文

主題及詞彙索引

六劃

七劃

八劃

九劃

十劃

十一劃

十二劃

十三劃

十四劃

十五劃

十六劃

十七劃

十九劃

英漢名詞對照表

1 Enoch 《以諾一書》

1 Esdras 《以斯得拉一書》

1 Maccabees 《馬加比一書》

2 Apocalypse of Baruch 《巴錄啟示錄二書》

2 Baruch 《巴錄二書》

2 Esdras 《以斯得拉二書》

3 Maccabees 《馬加比三書》

4 Ezra 《以斯拉四書》

A Hellenistic-Paul 希臘化的保羅

a sect 派系

Abraham the Father 亞伯拉罕

Allegory 比方

Almsgiving 施捨

Already, but not yet 已然和未然

Ancyra 安該拉

Apocalypse of Abraham 《亞伯拉罕啟示錄》

Apocalyptic Eschatology 天啟末世論

Apologetic/Forensic/Judicial Rhetoric 法庭式辯證

Apostolate 使徒身分

Apostolic Decree 使徒法令

Aristotle 亞里斯多德

Ars rhetorica 《論修辭學》

Autobiography 自傳

b. Aboda Zara 《巴比倫他勒目》之〈論偶像崇拜〉

b. Berakoth 《巴比倫他勒目》之〈論祝福〉

b. Sanhedrin 《巴比倫他勒目》之〈議會〉

Baptismal formula 洗禮禮儀公式

Barclay, W. 巴克萊

Barrett, C. K. 巴列

Bauer, W. 包厄珥

Baur, F. C. 包珥

Betz, H. D. 貝茲

Brown, R. E. 布朗

Bruce 布魯斯

Bultmann, R. 布特曼

Calling 蒙召

Centrifugal 向外擴展

Chiastic structure 交叉式結構

Christ-mysticism 基督神祕主義

Christological Hymns 基督論頌詞

Cicero 西塞羅

Co-crucifixion with Christ 與主同死

Conclusio/Epistolary Postscript 結論／書信結尾

Confession 信仰宣認

Conflict Model 衝突模式

Continuity 延續性

Contra Apionem/Against Apion 《反駁阿皮安》

Conversion 悔改

Covenant 恩約

Covenantal Nomism 恩約行為
Cranfield, C. E. B. 葛蘭菲
Cynics 犬儒學派
Dahl, N. A. 達爾
Davies, W. D. 戴維斯
De inventione 《論創意》
Dead Sea Scrolls 死海古卷
Deliberative Genre 評議式論證類型
Deliberative Rhetoric 評議式討論／勸籲
Demonstrative/Epideitic Rhetoric 示範式論證
Diatribe 哲辯格式
Digression 打岔
Dikaioun 稱義
Disclosure Formula 自我顯示的方程式
Discontinuity 間斷性
Diversity 差異性
Dodd, C. H. 陶德
Dualities 二元性
Dunn, J. D. G. 鄧雅各
Ecclesiasticus 《智慧書》
Ecclesiology 教會論
Epistolary Postscript 書信結尾
Epistolary Prescript 書信開場白
Ethos 品格
Exhortatio 勸告
Exhortation 勸告教導
Exordium 引言
Faith/Faithfulness of Christ 基督的信（或信實）
False Teachers 假教師
Fitzmyer, J. A. 菲斯邁
Fullness of time 時候滿足
Galatia 加拉太
Genesis Rabbah 《主要米大示》之〈創世記〉
Genitive of Origin 根源所有格
Gentile-Sinners 外邦的罪人
Getting in 進入
God-fearers 敬畏神的人
Hagar/Ishmael 夏甲／以實瑪利
hanawim piety 貧乏式敬虔
Hansen, G. W. 韓申
Hellenists 講希臘話的猶太人
Hillel 希列
Household Code 家庭規範
Identity markers 身分特徵的標志
Imperative 命令語
In Christ 在基督裏
Indicative 敘述事實語
Indignatio 強烈警告
Indignatio 警告
Ingathering of the Gentiles 向中心聚集
Institutio oratoria 《演講學論集》
Interogatio/Question 提問
Isaac 以撒
Isauria 伊索尼亞
Jewish Antiquities 《猶太古史》
Jewish identity markers 猶太人身分標記
Jewish Sect 猶太教派別
Josephus 約瑟夫
Jubilees 《禧年書》
Judaizers 猶太主義者
Judith 《猶滴傳》
Kasemann, E. 蓋士曼
Kennedy, G. A. 肯乃地
Kim, S. 金世榮
Koester, H. 科斯特
Kümmel, W. G. 甘慕爾
Letter as Apostolic Parousia 書信代表他本人的臨在

Lightfoot, J. B. 萊特佛特
Logos 理智
Longenecker, R. N. 朗格內克
Lyon, G. 里昂
Martin Luther 馬丁路德
Martyn, J. L. 馬廷
Matera, F. J. 馬提拉
Meeks, W. 彌科司
Messiah 彌賽亞
Middle voice 中間語態
Midrash 米大示
Moule, C. F. D. 慕勒
Muilenburg, J. 梅倫堡
Nabatean Kingdom 拿巴提王國
Narratio 敘述
Neusner, J. 紐斯拿
New Perspective on Judaism 猶太教新觀
Noachide Commandments 挪亞誡命
Objective Genitive 受詞所有格
On Abraham 《論亞伯拉罕》
On Dreams 《論夢》
Opponents 敵對者
Paidagogos 師傅
Paphlagonia 帕弗拉哥尼亞
Parallelism 平行體表達
Parousia 耶穌基督的再來
Pathos 情感
Peroratio 撮要
Personal Appeal 請求
Pessinus 庇斯勒士
Philo 斐羅
Pistis Christou 基督信仰
Possessive Genitive 原屬所有格
Post-conversion "cognitive dissonance" 悔改後思想重整
Probatio 重申
Propositio 命題
Province 行政省份
Psalms of Solomon 《所羅門詩篇》
Quintilian 君提聯
Raisanen, H. 賴孫能
Rebuke Section 責備部分
Refutatio 反駁
Request Section 請求部分
Rhetorical Approach 修辭學進路
Rhetorical Questions 修辭式提問
Righteousness of God 神的義
Righteousness Rectification 義
Salutation 開場白
Salvation History 救恩歷史
Sanders, E. P. 森達士
Sarah 撒拉
Schreiner 示奈拿
Schürer, E. 蘇樂
Schweitzer, A. 史懷哲
Seed 子孫
Segal, A. F. 西革
Shaliah 沙利亞
Shaliah 沙利亞
Silva, M. 斯華
Sirach 《西拉赫》
Sociological Approach 社會學分析進路
Stasis 主題
Staying-in 留在裏面
Stendahl, K. 史坦達
Stoic 斯多亞主義
Structural Functionalist Model 結構功能模式
Subjective Genitive 主語所有格
Subscription 結尾
Symbolic Model 象徵模式

Syrian Antioch 敘利亞的安提阿

Table-Fellowship 同桌聚餐

Targum of Onkelos Gen 《盎克羅他爾根——創世記》

Targum Pseudo-Jonathan Gen 《託約拿單名的他爾根——創世記》

Tavium 達法林

Taylor, N. 泰萊

The Cosmic Duality 宇宙二元性

The Eschaton 末日」／那一日

The Social Duality 社會二元性

The Temporal Duality 時間二元性

The World/Age to Come 新／將來的世代

Then/Now 以先／之後

This World/Age 舊／現今世代

To count righteous 因信稱義

To make righteous 因信成義

Tobit 《多比傳》

Topica 《專題集》

Tübingen School 杜平根學派

Unity 統一性

Watson, F. 沃旬

Wisdom of Solomon 《所羅門智訓》

Works of the Law 律法之工

Wright, N. T. 賴特

作者簡介

郭漢成牧師（博士）：馬來西亞神學院院長，兼任新約講師。早年畢業於香港建道神學院神學士、中國神學研究院道學碩士、英國杜倫大學神學系哲學博士，主修新約，研究保羅神學。受教於國際知名學者鄧雅各教授（Professor James Dunn）。博士論文“The Truth of the Gospel: A Study in Galatians 2.15~21”已經由香港建道神學院出版。郭牧師為資深神學教育工作者、馬來西亞衛理公會牧師，先後於檳城日落洞衛理公會及吉隆坡衛理公會廣東堂牧會。曾參與《聖經．串珠注釋本》及《聖經新辭典》的譯寫工作。興趣是研究聖經和講解聖經。已婚，育有三名子女。

緊扣時代 服事教會

以文字傳揚基督真道

讀者意見表

衷心多謝你購買本社書籍。本社一直致力以出版事工服事教會，幫助信徒扎根於神的話語，促進靈命增長。為使我們的出版更能滿足你的需要，請填寫下列各項資料，並寄回或傳真予本社。

所購書籍：＿＿＿＿＿＿＿＿＿＿＿＿

本書最吸引你的地方：

☐作者　☐適切性　☐文筆　☐設計　☐實用性

☐其他：＿＿＿＿＿＿＿＿＿＿＿＿

購買本書地點：

☐基道書樓　☐基督教書店　☐非基督教書店

性別：☐男　☐女　職業：＿＿＿＿＿＿

信仰：☐基督徒　☐非基督徒

年齡：☐ 16 歲或以下　☐ 17～25 歲　☐ 26～35 歲

☐ 36～55 歲　☐ 56 歲或以上

學歷：☐中三或以下　☐中五　☐預科

☐大學　☐研究院

☐我欲更多了解基道出版社的事工及考慮支持，請寄給我下列資料：

☐機構簡介　☐新書資料　☐基道會員通訊

☐《基道文字事工通訊》

姓名：＿＿＿＿＿＿＿＿電話：＿＿＿＿＿＿

地址：＿＿＿＿＿＿＿＿＿＿＿＿

＿＿＿＿＿＿＿＿＿＿＿＿

傳真：＿＿＿＿＿＿　電子郵件：＿＿＿＿＿＿

其他意見：＿＿＿＿＿＿＿＿＿＿＿＿

＿＿＿＿＿＿＿＿＿＿＿＿

多謝賜教！

意見表可以傳真（2687-0281）或直接郵寄以下地址：
香港沙田火炭坳背灣街26號富騰工業中心1011室
基道出版社編輯部收